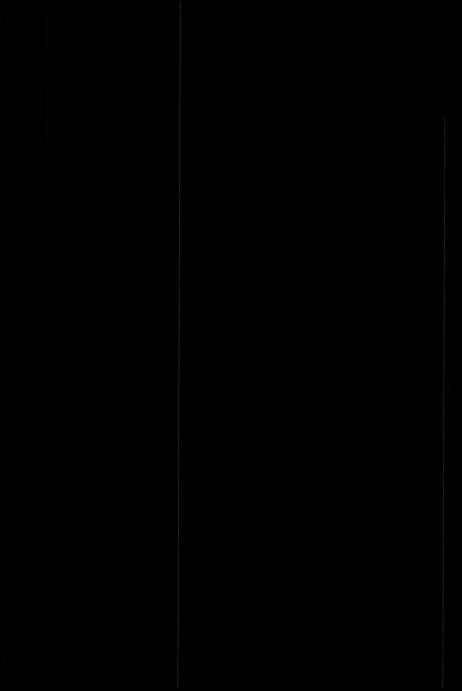

安定収益と社会貢献を両立する

小規模保育園経営

河村憲良
KOHMURA NORIYOSHI

幻冬舎 MC

安定収益と社会貢献を両立する

小規模保育園経営

はじめに

保育園落ちた日本死ね――。

とある母親の怒りの言葉がユーキャン新語・流行語大賞を受賞したのは、5年前の2016年のことでした。これをきっかけに待機児童問題が広く認識されるようになり、政府や自治体はさまざまな取り組みを始めました。

厚生労働省のデータによると、2017年4月時点の全国の待機児童数は約2万6000人でしたが、2020年4月時点では約1万2000人となっています。数字だけを見ると大きく改善したように思えるかもしれません。

しかし、待機児童の数え方にはカラクリがあります。

例えば、兄弟と同じ園に入れたい、家の近くの園に入りたいなど、「特定の保育所を希望している」場合は自治体によっては待機児童にカウントされないことがあります。また保護者が育児休暇を取得しており、復職の意思が確認できていない場合も待機児童から除外されています。このような理由などで、自治体が待機児童の集計から除外した〝隠れ（潜在的）待機児童〟は、２０２０年４月時点で厚生労働省の集計から、全国に８万４８５０人いることが分かります。

事実、私の会社は岐阜県で５つの保育園を運営していますが、新たな保育園をオープンすると、すぐに定員がいっぱいになってしまいます。地方都市でこのような状況ですから、都市部ではまだまだ保育所が足りない状況が続いていることが容易に想像できます。

数字に出てこない待機児童がまだまだたくさんいるのです。

日本を元気にするには、少子化問題を解決しなければなりません。しかし、子どもを預ける先が不足しているのに、共働きが当たり前になっているなか、子どもを生みたいと思う人は増えていくのでしょうか。つまり、保育所の不足と少子化は大きく関係しているのです。

そこで私が皆さんに呼び掛けたいのは、「保育ビジネスに参入してほしい」ということです。政府や自治体、既存の保育所も頑張っていますが、それだけで解決できる問題ではありません。

私は現在、保育事業をはじめ教育事業、介護事業や福祉事業などを、地元・岐阜を中心に手掛けています。自社で保育園を運営するとともに、保育ビジネスに参入する企業のサポートも数多く手掛けていますので、ノウハウは蓄積されています。

保育ビジネスへの参入は、一般の企業にとってもメリットがあります。保育園が併設されていれば、「この会社で働きたい」と考える女性が増えるからです。

人手不足で優秀な人材を採用しにくくなっている今、子育て環境が充実している企業は人気です。

また、保育園は社会貢献型のビジネスですが、利益が得られないわけではありません。ニーズが高い分野ですから、安定的な収益が期待できます。事業多角化の手法の一つとしても魅力的な分野となるでしょう。

企業が運営する保育園には「企業主導型保育事業」と呼ばれる制度がありますが、一時は参入する企業が増えたものの、認可外であるために園児が集まりにくいなどの課題があり、撤退する企業も増えてきています。しかし、私が本書で提案するのは、「小規模認可保育園」です。小規模認可保育園であれば短期間で開園でき、公的な補助金も多く、園児の募集も自治体がサポートしてくれるため難しくありません。本書では詳しくその内容を紹介していきます。

本書を通じて、少しでも多くの人が日本の待機児童問題という社会問題に気づき、それを解決するために保育ビジネスに関心をもっていただけることに期待しています。

２０２１年３月

河村憲良

目次

第3章　事業計画、立地選び、保育士の募集・採用……「小規模保育所」開業の流れと注意点

第4章　小規模保育所の運営・キャッシュフロー

第5章　開業後トラブルゼロで運営するためのポイント

第1章

待機児童問題、未満児の事故、劣悪な労働環境
保育園業界は課題が山積!?

待機児童問題は解消されたのか？

待機児童の問題は、最近あまり話題にならなくなりました。実際に厚生労働省は、２０２０年４月１日時点での待機児童数は前年比４３３３人減の１万２４３９人で、調査開始以来過去最少となったと報告しています。

しかし、統計上の待機児童の数は減っていますが、実はその裏には数字に表れない隠れ待機児童が多数存在しているのです。その隠れ待機児童には大きく２つのケースがあります。

１つ目は入園できる保育園がその地域にないため、自治体が募集していないケースです。

そもそも待機児童とは、子育て中の保護者が保育所または学童保育施設に入所申請をしているにもかかわらず入所できず、入所待ちしている（待機）状態の児童を指します。しかし、募集をしていなければ待機児童として登録すること自体できないので、待機はあり得ません。そのため待機児童の数はゼロになります。実際に預けたい人が多数存在していても、待機児童はいないことになっています。

２つ目は、親が「特定の保育園を希望している」とされてしまうケースです。親が保育園を選ぶ際、「近いところが良い」「認可外ではなく認可保育園が良い」など希望を踏まえて申し込みを行いますが、希望にあった施設が空いていない場合、自治体は国の基準に沿ってほかの空いている保育園を親に知らせます。

しかしその保育園が自宅からの距離が遠く、通園が困難であったり、認可保育所より施設環境や利用者負担に差がある認可外保育施設であったりした場合、親は子どもを園に預けることを諦めてしまいます。

このケースの場合、〝入れるのに、入ろうとしなかった〟として「特定の保育所を希望している」とみなされ待機児童の数から除外されてしまいます。

また、２００１年から待機児童の定義が変わり、国の定めた基準を満たした認可外保育施設に入園した児童も除外されてしまいます。例えば、２０１８年の神奈川県横浜市では、待機児童は63人と発表されましたが、元々、認可保育所に入れなかった子どもは３０８０人であり、３０００人以上の子どもたちが、さまざまな理由で待機児童から除外されています。

このように、待機児童の数字にはいくつもの問題があり、発表される数字はまったく実態を表していません。事実、厚生労働省は、さまざまな理由で待機児童の集計から除外された児童（隠れ待機児童）は８万４８５０人（２０２０年４月時点）と発表しています。

保育園は不足しているのか？

大局的な数値だけを見れば保育所は足りています。厚生労働省が発表した「保育所等関連状況取りまとめ（令和２年４月１日）」によると、保育所等利用定員は２９７万人、保育所等を利用する児童の数は２７４万人と、約20万人の余剰があることが分かります。

しかし、現実的には、待機児童や隠れ待機児童がたくさんいます。

問題は、保育所の数ではなく、未満児に対する保育が不足しているのです。公表されている待機児童の87・１％が低年齢児（いわゆる未満児）なのです。

ではなぜ未満児に対する保育が不足しているのでしょうか。私は、その理由は2つあると考えています。１つ目の理由は、そもそも未満児の通園率が上昇していることです。18ページのグラフは、保育所等待機児童数及び保育所等利用率の推移です。このグラフを見ると、全体の利用率と1、2歳児の利用率とも上昇していることが分かります。ただし、全体の利用率の上昇と1、2歳児の利用率の上昇は意味が異なります。全体の利用率が上昇しているのは、単にそれまで「幼稚園に通っていた児童」が、幼稚園型認定こども園等や幼保連携型認定こども園の登場により、「保育所等を利用する児童」として集計されただけであり、保育所のニーズが高まっているわけではありません。実際、従来の保育所の定員充足率は、２０１２年が97・１％に対して２０１９年が91・９％と減少傾向が続いています。

一方で、1、2歳児はというと、元々、幼稚園は満3歳児からの受け入れですから、幼稚園に通っていた児童が集計されたのではなく、純粋に保育所を利用するニーズが高まっていると考察できます。

保育所等を利用する絶対数が増えているということが、保育所等利用定員が充足し

保育所等待機児童数及び保育所等利用率の推移

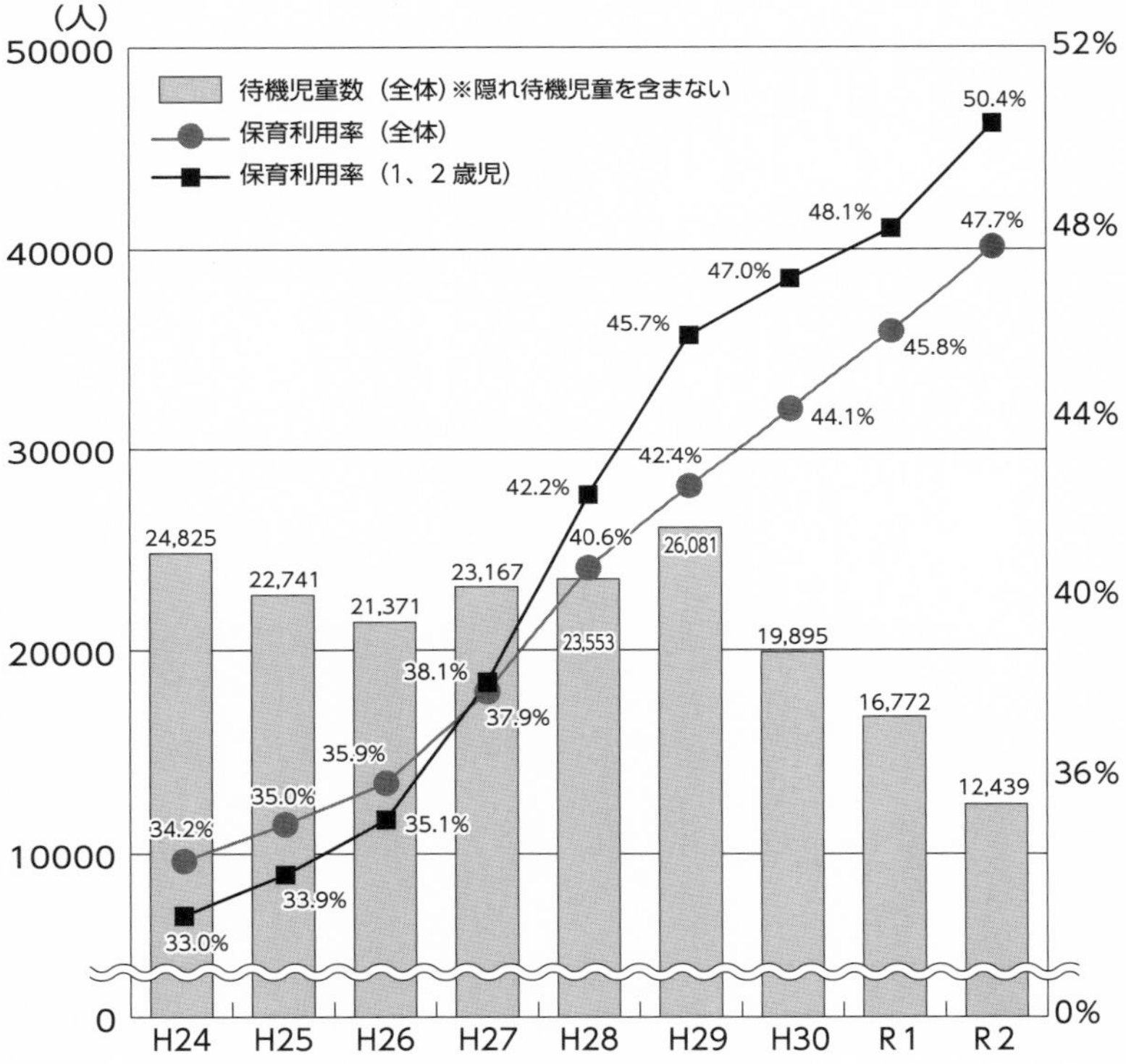

出典：厚生労働省「保育所等関連状況取りまとめ（令和２年４月１日）」

ているのに待機児童が発生している理由となるのです。

未満児の保育が不足している理由の２つ目は、保育所等利用定員を増やすことが難しいからです。そして、それは保育士の不足と保育所の収入に課題があると考えています。

20ページのグラフは、保育所に勤務する保育士数の推移と、潜在保育士数の推移を表したものです。潜在保育士とは、保育士の資格を持っていてもなんらかの理由で保育士として働いていない人を指します。保育士の資格を持つ人は年々増加傾向にありますが、実際に保育所で働く人の数は微増にとどまっているのです。

実際に私たちの会社でも介護施設、惣菜屋、コンビニなどあらゆる場所で元保育士が働いています。その多くが「二度と保育士はやりたくない」と言います。後述しますが、それだけ、保育士にとって働きづらい職場であることが示唆されます。

また、保育士として働く人が増えない一方で、未満児の保育には、３歳以上児の保育よりも多くの保育士が必要となります。

保育所には人員配置基準が定められており、１、２歳児の場合、１人の保育者がお世話できる子どもは６人まで、０歳児なら３人までしかお世話できません。仮に１学

登録された保育士と勤務者数の推移

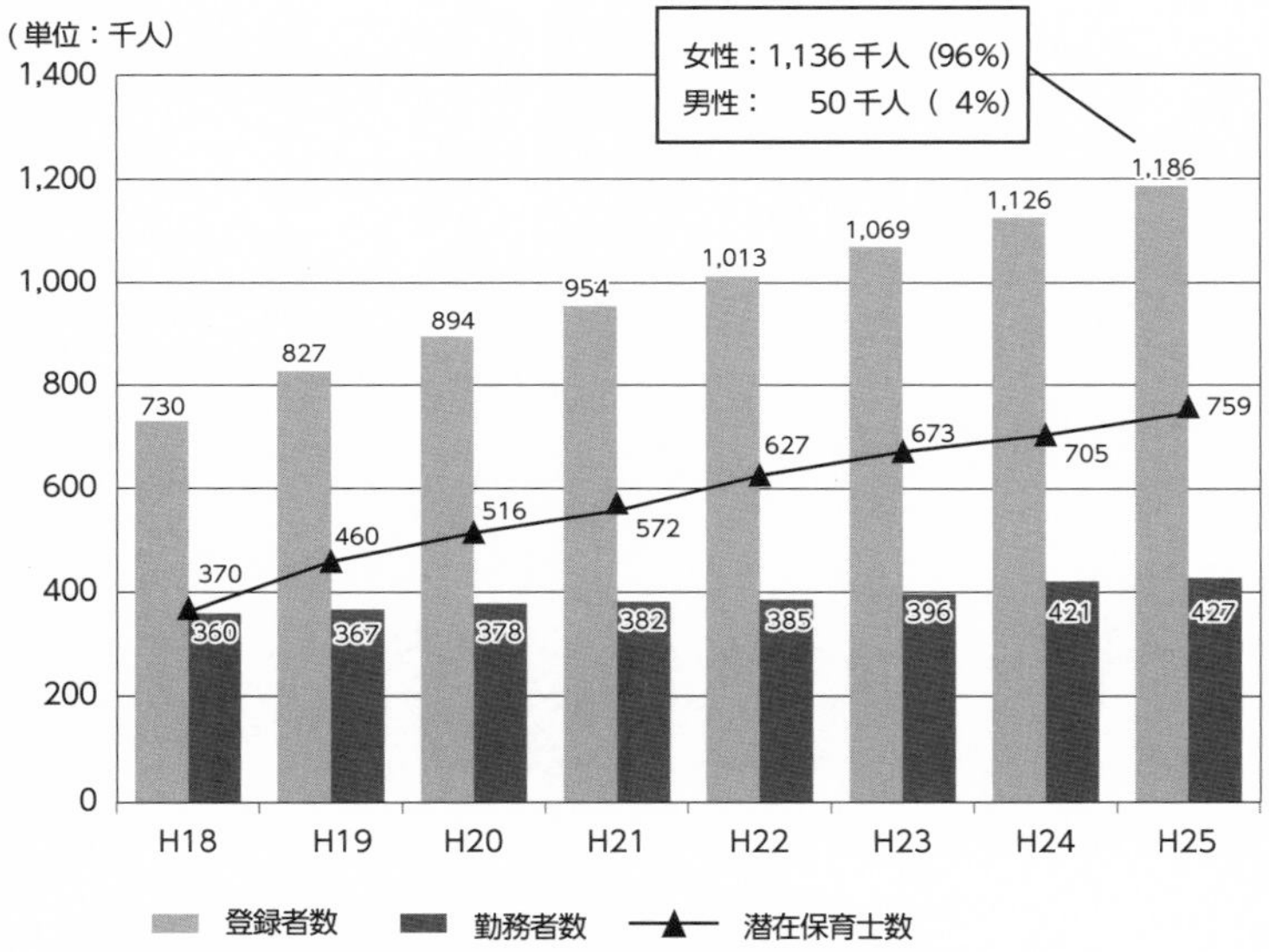

出典：登録者数：厚生労働省雇用均等・児童家庭局保育課調べ（各年４月１日）
勤務者数：厚生労働省大臣官房統計情報部「社会福祉施設等調査」（各年10月1日）

注）：勤務者数について、平成21年以降は調査対象施設のうち回収できなかった施設があるため、平成20年以前との年次比較は適さない。（回収率H21：97.3% H22：94.1% H23：93.9% H24:95.4% H25：93.5%）

※H23の勤務者数については、東日本大震災の影響で宮城県と福島県の28市町村で調査未実施である影響で少ない数となっているため、潜在保育士の数は67万人よりは少なくなることに留意。

年を30人とするならば、４、５歳児（いわゆる年中、年長）であれば、保育者は１人ですが、０歳児なら10人必要です。しかも、保護者の就業時間よりも長くお子さんをお預かりするわけですから、１人の保育者が１人のお子さんを見ているわけではありません。実際には配置基準の１・５倍くらいの保育者を採用しないと運営できません。

求人に10倍以上の労力がかかる未満児保育の定員を、保育所の経営者が増やしたいと思うでしょうか。なかには「それで利益が増えるなら」と、思う経営者もいるかもしれませんが、それも難しいことは次の段落で述べます。

保育所の収入は、保護者の方からの保育料と行政からの保育給付費です。これらの価格は公定価格として、保育所の規模によって決まっています。つまり、同じ未満児でも大規模園と小規模園では単価が違うということです。

仮に１学年30人定員（年少から年長で全90人）の保育所が保育者を１人増やして０歳児を３人受け入れたとしましょう。令和元年度の公定価格表では91人から１００人までの定員の場合、０歳児の単価は17万５９９０円（16／１００地域）となっています。

そのため、０歳児３人を受け入れることができても、月に約50万円の売上（あえてそう表現します）にしかなりません。しかし、この売上で子どもの給食費や教材費、複数人の保育者の人件費を賄うのです。もし、子どもが2人だったら即赤字運営になってしまいます。

このような状況で、求人に10倍以上の労力がかかり、定員充足率100％以外は赤字で、満杯でも微々たる利益しか残らないのに、それでも定員増に踏み切る経営者はいるのでしょうか。

逆にいえば、既存の保育所やこども園の多くは、単なる金儲けのためではなく、社会的使命の観点から未満児を受け入れていると思います。

なお、これらの問題を解決するものが、後述する小規模保育事業であると思います。

保育士の労働環境は過酷

保育士不足の背景には、過酷な労働環境が挙げられます。持ち帰り残業が日常茶飯事で、残業代が出ない保育所も少なくありません。

私たちの保育園に面接に来る保育士の話を聞いていると、残業代の出ない保育園が多くあるそうです。

保育所は子どもの定員が決まっているため収入を増やすことができません。そのため、人件費をできるだけ抑えようと考え、残業代を支払わない保育園があるのです。そのような保育園では、いまだに休憩もなく残業代も出ない長時間労働が当たり前に横行しています。

特に園児の発表会などがあると、その前に保育士が衣装を作らなければならない保育園もあります。保育園によっては保護者が作る場合もありますが、保育士が作るところもあるのです。

そうなると、保育士が家に帰ってからミシンで内職のように残業をすることになり、それが発表会まで毎日続きます。

このように時間外業務が横行しているため、私たちの保育園に面接に来る保育士から「『残業なし』とありますが、どのように業務を処理されていますか？」（残業がないということは、持ち帰り業務を推奨しているのか）といううがった質問があるくらいです。

休憩時間に自由に過ごせないことも日常的です。休憩時間を決めていても、施設から出てはいけないことになっている保育園も少なくありません。

本来休憩とは、どこに行ってもなにをしても自由でなければいけません。しかし保育園には一旦出勤したら帰るまで施設の外に出てはいけないというルールを採用しているところがあるのです。

休憩時間に子どもと一緒に給食を食べることも珍しくなく、休憩時間といっても子どもたちのお世話をしていることには変わりないのです。なお、私たちの保育園では、給食は給食介助という業務として扱っていますので、休憩中の保育者が子どもと食事をともにすることはありません。

研修に自費で参加しなければいけないということも保育士の不満につながります。保育士や幼稚園教諭には自己研鑽が求められており、ほぼ、強制的に、休日に自費でセミナーに参加させられるという話もよく聞きます。残業代を出さないようなブラック企業でも、会社の命令でセミナーを受けさせるのであれば、少なくともセミナー参加費くらいは出しそうなものです。

ピアノ演奏が必須の保育園だと、業務終了後にピアノの練習を課せられることもあります。技術向上のための居残り練習が時間外労働となるかどうかは難しいところですが、居残るほうもそれに付き合うほうも大変かと思います。

保育所には人員配置基準があり、一般的な店舗のように誰かが休んでも残りのメンバーで頑張るということはできません。しかし、子どもの人数で収入が決まっているので、必要以上に保育士を増やすこともできません。その結果、「私が休んだら保育が回らない！」「いつ急遽呼び出されて代勤しなければいけなくなるか分からない！」「自分が休むことで同僚に迷惑がかかる！」という意識や感情を少なからず誰しもがもっており、それが心理的なストレスになっているのです。

こういった状況に保育士が疲れ切っていて、いい保育ができないことも多くあります。そして嫌気がさして若い保育士が辞めてしまい、さらに労働環境が悪化するといった負のスパイラルに陥ってしまうのです。

これは、保育士に限らず、介護、医療、福祉など「人のために働く」という業界が陥りやすい現象だと思います。「他人に尽くす」がどうしても「自己を犠牲にする」という思考に結び付きやすいのかもしれません。

だからこそ、コンプライアンス意識をもった民間企業が、保育ビジネスに参入していくことが大切だと思います。実際、私たちの保育園には、2018年の開業以降、3年連続して100人を超える保育士から応募があり、本稿を執筆中の今日現在でも10人を超える保育士が「採用待ち」をされています。保育士不足は、労働者側の問題ではなく、労務管理者側の問題であるといえるでしょう。

未満児の死亡事故を防ぐには

私が小規模認可保育園を提案する理由は、前述のような未満児保育の定員不足や保育士不足の解消だけではありません。「認可」であり「小規模」であることが重要なポイントになっています。

内閣府子ども・子育て本部『「令和元年教育・保育施設等における事故報告集計」の公表及び事故防止対策について』によると、2019(令和元)年度に保育所で起きた負傷(意識不明・骨折・火傷等)の事故は1738件にも上ります。また、死亡事故は6件起きています。

死亡及び負傷等の事故概要

	負傷等					死亡	計
		意識不明	骨折	火傷	その他		
幼保連携型認定こども園	**280**	0	236	1	43	**0**	**280**
幼稚園型認定こども園	**27**	0	18	0	9	**0**	**27**
保育所型認定こども園	**25**	1	17	1	6	**0**	**25**
地方裁量型認定こども園	**1**	0	1	0	0	**0**	**1**
幼稚園	**35**	0	29	0	6	**0**	**35**
認可保育所	**879**	6	676	3	194	**2**	**881**
小規模保育事業	**13**	1	7	0	5	**0**	**13**
家庭的保育事業	**0**	0	0	0	0	**0**	**0**
居宅訪問型保育事業	**0**	0	0	0	0	**0**	**0**
事業所内保育事業（認可）	**1**	0	1	0	0	**0**	**1**
一時預かり事業	**2**	0	0	1	1	**1**	**3**
病児保育事業	**0**	0	0	0	0	**0**	**0**
子育て援助活動支援事業（ファミリー・サポート・センター事業）	**1**	0	1	0	0	**0**	**1**
子育て短期支援事業（ショートステイ・トワイライトステイ）	**0**	―	―	―	―	**0**	**0**
放課後児童クラブ	**445**	1	390	0	54	**0**	**445**
企業主導型保育施設	**8**	2	6	0	0	**0**	**8**
地方単独保育施設	**3**	0	3	0	0	**0**	**3**
その他の認可外保育施設	**18**	0	16	1	1	**3**	**21**
認可外の居宅訪問型保育事業	**0**	0	0	0	0	**0**	**0**
計	**1,738**	**11**	**1,401**	**7**	**319**	**6**	**1,744**

出典：内閣府子ども・子育て本部「『令和元年教育・保育施設等における事故報告集計』の公表及び事故防止対策について」

このデータには2つのポイントがあります。1つ目は、死亡事故のほとんどは未満児で発生しているということです。2019年度は6件中6件、2018年度は9件中8件が未満児の死亡事故でした。

2つ目のポイントは、死亡事故の多くは認可外保育施設で発生しているということです。2019年度は6件中3件、2018年度は9件中6件が認可外保育施設での死亡事故でした。2019年度の6件中3件を見ると「死亡事故の多くは認可外保育施設だ」は言い過ぎのような印象も受けますが、対象となる児童者数は認可保育所が二百万人に対して、認可外保育施設が22万人です。同じ発生数でもリスクは10倍高いといえます。

ちなみにケガとなると、2019年度は認可保育所が879件に対して、認可外保育施設は18件しかありません。ケガは少ないが死亡事故は多いということはないでしょうから、おそらく、重大な事故以外は、そもそも報告していないのではないかと思います。

頑張って認可外保育施設を運営されている方には申し訳ないのですが、子どもの安全という観点でとらえると、やはり、認可外保育施設には課題がありそうです。

というのは、認可外保育施設が未満児を受け入れるとして、その保育料がどれだけ高額であっても基準を厳守した配置ができるとは思えないからです。仮に月額10万円の保育料だとしても、０歳児なら保育者は１人あたり３人までしかお世話できないわけですから、１人の従業員が売り上げる月商は最大で30万円となります。これで、給食費、人件費、家賃、光熱費などを捻出することは難しいでしょう。

もちろん、認可保育所の新設が難しかった時代の認可外保育施設の役割は大きかったと思います。しかし、認可保育所の新設が申請しやすくなった今、多少、行政からの監督が面倒でも、しっかりと基準を守り、子どもの安全を守ることが大切であると考えます。

また、小規模保育事業であることもポイントです。同じ「認可」ですが、小規模保育事業の死亡事故は２０１９年度、２０１８年度も０件です。小規模保育事業がスタートしてからの全期間でも1件しか発生していません。

もちろん、大規模園と小規模園では児童人数が違いますから、一概に比較してはいけませんが、それでも未満児だけを専門でお世話しているという意義は大きいと思います。児童養護の観点でも、３歳未満は「乳児院」という専門施設でお世話をします。

未満児保育の需要が低かった昔ならともかく、本来、リスクが高い未満児を一緒に預かることのほうが危険であると思います。

以上のように、保育業界を取り巻く環境を是正するためには、未満児の事故リスクを考慮して、認可で未満児を専門とする施設であり、保育士の働きがいを考慮できるコンプライアンス遵守の民間企業が名乗りを上げることが、地域密着、社会貢献、なによりもこの国の未来のために必要なことだと私は考えています。

第2章

安定収益と社会貢献を両立する「小規模保育所」とは

保育ビジネスの将来性

保育をビジネスととらえた場合に心配されるのが「少子化なのに将来性があるのか？」です。確かに、日本で1年間に生まれてくる子どもの数は１９７４年から減少を始め、現在は、私が生まれた１９７６年の約１８３万人に対し、２０１９年は約86万人と半分以下になってしまいました。

この数値だけですと、いかにも子ども関連ビジネスには将来性がないように思えます。しかし、保育業界の未来像は必ずしも悲観するものではありません。

その理由の一つとして考えられるのが社会の変化です。私は、元々は学習塾で起業し、現在も大学受験の大手予備校のフランチャイズを運営しています。そこでみられるのが、女子生徒の高学歴化です。私が高校3年生だった１９９４年の女性の大学進学率が21%だったのに対して、２０１８年の女性の大学進学率は50%を超えています。

「高校を卒業して、地元の企業に就職し、20代前半で寿退社、育児をしながらの専業主婦」という昭和のイメージは過去どころか化石のような存在です。厚生労働省の２０１８年の雇用動向調査によると退職理由が「結婚」である女性の割合はわずか１・７％しかありません。

共働き世帯にとって預かり時間が短く長期休みがある幼稚園は利便性が高いとはいえません。実際に、文部科学省の学校基本調査の幼稚園就園率は１９７６年が64・０％に対して、２０１９年では42・６％になっています。もちろん、これは幼稚園だったところが幼保連携型認定こども園などに移行していることもありますが、それでも幼稚園就園率が減少傾向にあることには変わりません。

つまり、社会のニーズは、幼稚園から保育所へシフトしています。この流れは未満児保育の利用率の上昇から考えても、今後、加速することが予想されます。今から幼稚園や幼児教室を始めるというなら少子化は大きな問題ですが、保育所であれば利用率は増加傾向にありますから将来性は高いでしょう。

なお、世間では「〇〇保育園」という看板を掲げる施設がたくさんあり、私たちが運営する保育所も「りんご保育園」という名称ですが、「保育園」という名称は「幼稚園」との対比から生まれた通称であり、法律上は「保育所」となります。本書では、現場をイメージしてほしい場合や通称表現のほうが分かりやすい場合に「保育園」を使用しています。

保育所には「認可」と「認可外」がある

以前は、保育所を新設するハードルが高いこともあり、「認可外保育園」や「無認可保育園」で開業されるケースも多かったと思います。

認可外保育施設は、その名のとおり、自治体の認可を受けていない保育園の総称ですが、勝手に運営していいわけではありません。認可外保育園に対しても「認可外保育施設指導監督基準」が設けられ、開業時にも都道府県への届け出が必要です。

保育所そのものが不足していた時代であれば、認可外保育施設も選択肢の一つだったかもしれません。仮に30人定員の認可外保育施設で考えると、２０１９（令和元）年度の公定価格表によると16／１００地域の認可保育所の４歳児以上の基本分単価は６万９６８０円です。認可保育施設だからといって収入が高いわけではありませんし、認可保育所には保育室以外にもさまざまな設備が必要です。その点、認可外保育施設は設備に対する基準は認可保育所よりも緩和されているので参入しやすい事業といえます。

一方で人員配置基準はというと、認可保育所も認可外保育施設もほとんど変わりません。認可外保育施設が保育者の３分の１以上が保育士または看護師の資格を有する者となっていますが、１人でお世話できる子どもの数は決まっているのです。４歳児以上であれば、１人で30人までお世話できるので、月５万円の保育料を徴収したとしても１人の保育者で月商１５０万円です。保育料無償化の影響を受けて、認可外保育施設でも基準を満たせば助成金が受け取れることがありますから、事業性は十分あると思います。しかし、未満児だと、１、２歳児で６人まで、０歳児であれば３人までしかお世話できません。いくら助成金があったとしても、人件費すら捻出は難しいでしょう。

第１章で述べたとおり、必要とされる保育は未満児保育です。健全な運営という観点で、私は認可外保育施設での開業をお勧めしません。

事業の多角化で保育事業に参入する企業が増えている

隠れ待機児童の問題を解決するために、私はぜひ企業に参入してほしいと考えています。もちろん新たな事業への参入には不安もあると思いますが、これまでの私の経験からすれば、まったく問題はありません。私自身もゼロから保育業界へ参入しましたが、現在は5つの保育園を運営し、民間企業の常識的なノウハウを活用することで、非常に上手くいっています。どの保育園もほぼ定員いっぱいの子どもを預かり経営も順調です。

では、企業が保育ビジネスに参入する際、どのような形態を取るのがよいのでしょうか。

企業の運営する保育園といえば、「企業主導型保育事業」という名前を聞いたことがあるかもしれません。

企業主導型保育事業は、2016年に子どもを保育所に預けられなかった母親の悲痛な叫び「保育園落ちた日本死ね」をきっかけに誕生しました。国会でも議論が起こり、緊急的に企業主導型保育事業をスタートし、多くの企業の参入が殺到しました。

企業主導型保育事業が上手くいかない理由

企業主導型保育事業の運営には魅力があるように思えます。

しかし、企業主導型保育事業への参入はハードルが高く、また参入できたとしても運営が上手くいくとは限らないのです。

企業主導型保育事業の枠は公募されるのですが、２０１９年には募集がありませんでしたし、２０２０年は募集がありましたが、１週間程度で枠がいっぱいになりすぐに締め切りになってしまいました。

また応募する際には、物件を確保しておかなければなりません。採択されてから「物件の契約をします」といったことは認められません。しかし、せっかく物件を用意していたとしても不採択になってしまうことがあるのです。

企業主導型保育事業がスタートした2016年、あるいは翌年の2017年までは、応募すればほぼ採択されていたのでそれでも構わなかったわけですが、2018年以降は応募が殺到するようになったため、不採択になる確率が高くなりました。

以前、私の会社でも2カ所目の企業主導型保育事業を名古屋市内で設置する申請を出しましたが、不採択になりました。不採択ですが、ビルのテナント契約はすぐに解約できませんし、設計事務所、開業コンサルタントの費用は成果報酬ではなかったので、結局、1000万円程度を無駄にすることになってしまいました。

このように採択にもハードルがあるのですが、仮に申請が通り、企業主導型保育事業に参入できたとしても安定した運営をするには大きな壁があります。それが園児の募集です。

認可保育所であれば、行政から入園する子どもを割り当てられますが、企業主導型の保育園は認可保育所ではなく、認可保育所並みの運営費が受けられるというだけで、あくまでも認可外保育施設です。そのため、園児の募集は自ら行わなければなりません。

それが上手くいかず、開園して1週間程度で休園してしまうところも少なくありま

企業主導型保育所の定員充足率

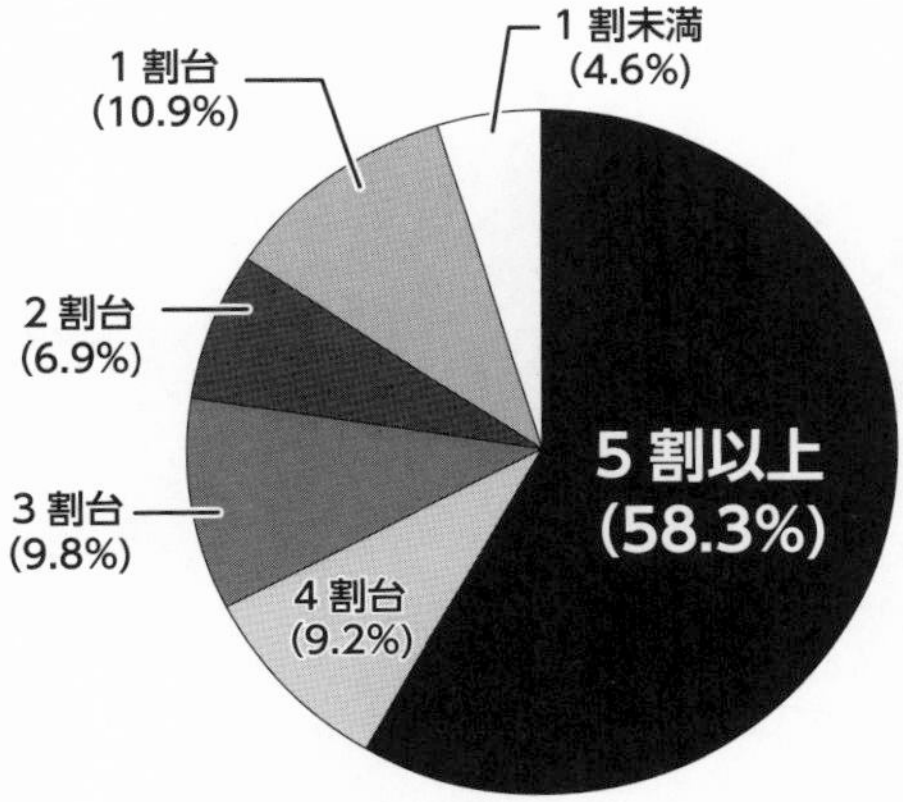

(注) 四捨五入で合計は100% にならない
出典：会計検査院（2017年10月～2018年９月までの平均）

せん。実際に参入した企業の４割が定員の半分も園児がいない状態です。経営支援をしている大手コンサルティング会社もあり、私も会員になっていた時期がありますが、学習塾で集客経験がある私にとっては、どれもが甘い観測でしかなく、会費を払って参加したセミナーで発言したら、コンサルタントに「勉強になりました」と言われて退会しました。

なお、私たちの企業主導型保育園は、２０１８年の開園時こそ従業員のお子さんだけだったので空きがありましたが、その年の夏から今日まで常に満杯をキープし、入園待ちが常に３、４人いる状態です。

もし、企業主導型保育園の集客でお困りの方がいらしたら相談してください。学習塾経営で培った集客ノウハウを駆使して貴園の健全運営のお手伝いをさせていただきます。

企業主導型保育事業は、園児を集めることができれば、そのメリットを活かすこともできますが、募集される件数も減っているので、これから参入するのは有利とはいえないでしょう。

しかし、保育ビジネスそのものの魅力がなくなったわけではありません。第1章で紹介したように潜在的なニーズは依然高い状態にありますし、事業多角化の一環として、あるいは社員の福利厚生を充実させるために企業が手掛ける意味はあると考えています。

企業が参入するなら小規模認可保育園がお勧め

では、どのような形で参入するのがいいのでしょうか。私がお勧めするのは、小規模認可保育園です。認可保育所の場合は、自治体から子どもの受け入れ要請がありますので、自ら子どもを集める必要はありません。企業主導型保育園で失敗する最大の原因だった集客を、自治体に任せることができるのです。

また、小規模保育事業の場合は、前述の企業主導型保育事業のように不採択になって資金が無駄になることもありません。建前上はどちらも申請書類をもって審議するわけですが、市町村の職員はそんな冷たい対応はとりません。

それこそ「小規模保育事業の開園を企画したいんですが……」という窓口レベルの相談でも丁寧に対応していただけます。そのときに可能性がなければ「難しい」と言われますし、可能性があれば「審査を受けての判断ですね」となります。行政職員も忙しいわけですから、可能性がないのに申請書類をチェックするなんて無駄な業務はしたくないでしょう。

そのうえで面談をして、事前協議書を提出します。これは「公式に相談をします」という書類です。このように段階を踏んで相談しながら進めていきますので、申請書類を出せるところまできたら、そこから不採択というのは、運営事業者がなんらかの不正行為をしない限り可能性は低いでしょう。もちろん、建前上は申請書類審査を受け指定を受けるまではなにも決定ではありませんが、申請書類を提出するところまでたどり着いたらあとは自治体と二人三脚で進めていく印象です。

ただ、自治体が「認可」をするということは、そこに監督責任が発生するわけですから、どんな企業でも申請すれば受かるという印象はありません。

ですから、まったく関係のない業種がいきなり自治体に「保育園をオープンしたい」と言っても難しいと思います。私たちの場合は、まだ、企業主導型保育事業の参入が緩かったころに企業主導型保育園の運営を始めましたから、認可保育所としては初申請であっても、保育園を運営している事業者として扱ってもらえました。

保育事業とはまったく縁のない企業が参入するには、運営を保育事業者に委託する方法もあります。保育所の運営を受託している事業者は昔から存在します。院内保育園を持っている病院も事業者に運営を委託しているケースが多くあります。委託先を決めて、自治体と相談する方法もあります。

子どもを預かる施設の種類は大きく分けて３つ

そもそも子どもを預かる施設には３つの種類があります。幼稚園、保育所、認定こども園です。主な違いは対象年齢と利用できる保護者の条件です。

幼稚園は３歳から５歳を対象とした施設で、昼過ぎ頃まで預かり、子どもの教育時間とします。また、園により午後や土曜日、夏休みなどの長期休業中の預かり保育などを実施しています。利用できる保護者の制限はありません。

保育所は０歳から５歳を対象とした施設です。朝から夕方までの保育のほか、園により延長保育を実施しています。就労などのため家庭で保育のできない保護者に代わって保育する施設なので、利用できるのは、家庭で保育のできない保護者に限定されています。

認定こども園は、教育・保育を一体的に行う施設で、幼稚園と保育所の両方の機能を併せ持っている施設です。０歳から５歳が対象ですが、０歳から２歳と３歳から５

子どもを預かる施設の種類

	対象年齢	利用時間	利用できる保護者	特徴
幼稚園	3歳から5歳	昼過ぎ頃までの教育時間に加え、園により午後や土曜日、夏休みなどの長期休業中の預かり保育などを実施	制限なし	小学校以降の教育の基盤をつくるための幼児期の教育を行う学校
保育所	0歳から5歳	夕方までの保育のほか、園により延長保育を実施	共働き世帯、親族の介護などの事情で、家庭で保育できない保護者	就労などのため家庭で保育のできない保護者に代わって保育する施設
認定こども園	0歳から5歳	■0歳から2歳 夕方までの保育のほか、園により延長保育を実施 ■3歳から5歳 昼過ぎ頃までの教育時間に加え、保育を必要とする場合は夕方までの保育を実施。園により延長保育も実施	■0歳から2歳 共働き世帯、親族の介護などの事情で、家庭で保育のできない保護者 ■3歳から5歳 制限なし	幼稚園と保育所の機能や特長を併せ持ち、地域の子育て支援も行う施設

出典：内閣府子ども・子育て本部

歳で内容が異なります。０歳から2歳では、夕方までの保育のほか、園により延長保育を実施しています。

３歳から5歳は昼過ぎ頃までの教育時間に加え、保育を必要とする場合は夕方までの保育を実施しています。利用できる保護者についても、０歳から2歳は共働き世帯、親族の介護などの事情で、家庭で保育のできない保護者、３歳から5歳は制限なしとなっています。

種類によっては職員全員が保育士の必要はない

このようななかで待機児童が急速に増加したことから、２０１5年から新たに「子ども・子育て支援法」が施行されました。新たに「地域型保育」ができたのです。「地域型保育」は、保育所（原則20人以上）より少人数の単位で、０歳から2歳の子どもを保育する事業です。利用時間は、夕方までの保育のほか、園により延長保育を実施します。利用できる保護者は共働き世帯、親族の介護などの事情で、家庭で保育

地域型保育の概要

利用人数	(原則)20人以上より少人数の単位で保育する事業
対象年齢	0歳から2歳
利用時間	夕方までの保育のほか、園により延長保育を実施
利用できる保護者	共働き世帯、親族の介護などの事情で、家庭で保育のできない保護者

※地域型保育では、保育内容の支援や卒業後の受け皿の機能を担う連携施設(保育所、幼稚園、認定こども園)が設定されます。

出典：内閣府子ども・子育て本部

のできない保護者です。また、地域型保育では、保育内容の支援や卒園後の受け皿の機能を担う連携施設（保育所、幼稚園、認定こども園）が設定されます。

「地域型保育」には、具体的に４つのタイプがあります。家庭的保育（保育ママ）は、家庭的な雰囲気のもとで、少人数（定員５人以下）を対象にきめ細かな保育を行う施設です。小規模保育は、少人数（定員６人から19人）を対象に、家庭的保育に近い雰囲気のもと、きめ細かな保育を行う施設です。事業所内保育は、会社の事業所の保育施設などで、従業員の子どもと地域の子どもを一緒に保育する施設ですが、２０１６年に企業主導型保育がスタートされたので開店休業のような状態です。居宅訪問型保育は、障害・疾患などで個別のケアが必要な場合や、

地域型保育の4つのタイプ

家庭的保育（保育ママ）	家庭的な雰囲気のもとで、少人数（定員5人以下）を対象にきめ細かな保育を行う
小規模保育	少人数（定員6人から19人）を対象に、家庭的保育に近い雰囲気のもと、きめ細かな保育を行う
事業所内保育（企業主導型保育）	会社の事業所の保育施設などで、従業員の子どもと地域の子どもを一緒に保育する
居宅訪問型保育	障害・疾患などで個別のケアが必要な場合や、施設がなくなった地域で保育を維持する必要がある場合などに、保護者の自宅で1対1で保育を行う

出典：内閣府子ども・子育て本部

施設がなくなった地域で保育を維持する必要がある場合などに、保護者の自宅に出向き1対1で保育を行うものです。

そのなかで子育て支援の一つとして登場したのが「小規模保育」です。政府の待機児童解消加速化プランでは、待機児童のほとんどが0歳から2歳児であることを考え、定員6人から19人の少人数保育所として「小規模保育」の設置を推進したのです。

「小規模保育」は、さらに3つに分類されます。A型は保育者の全員が保育士の資格所有者、B型は保育者の半分が保育士の資格所有者、C型は家庭的保育者という市町村が行う一定の研修を受けた者という分類です。

小規模保育は、施設基準も緩和されていますので、比較的設置しやすいメリットもあります。都市部では電車通勤をする保護者が多く、最寄りの駅に保育所があれば便利ですが、通常の保育所では場所の確保の問題などからなかなか設置ができません。

その点、小規模保育であれば、比較的小さなスペースで設置が可能になりますので駅前の立地の良いところに設置して、保護者の利便性を高めることも可能です。

お勧めは小規模保育事業Ａ型

このように小規模保育は保育者の資格保有率で分類されますので、保育士不足の現状からすれば、保育士がスタッフの半分でいいＢ型を思い浮かべますが、私はＡ型をお勧めします。

その理由は、第一に自治体との信頼関係の構築です。保育所整備が喫緊の課題となっている自治体ならいざしらず、待機児童がそこまで行政課題となっていない自治体では、やはり、「保育士が半分しかいない保育園」の印象は良くありません。

第二に収支の問題です。仮に16／１００地域で12名定員の保育所とした場合、２０１９（令和元）年度の公定価格では、Ａ型の０歳児で月24万２７９０円、Ｂ型の０歳児で月20万２６７０円です。12人だったら月に約50万円の減収になってしまいます。一方で、保育士とそうでない職員でそこまで給与に差をつけられません。コストがそれほど変わらないのに収入が少ないＢ型のメリットはほとんどありません。小規模保育事業では、そこまで保育士不足で悩む必要がないからです。

小規模保育事業は、よほど過疎化が進んだ地域でなければニーズがあると思います。実際に私たちが2020年4月に開園した「りんご保育園とみか」がある岐阜県富加町は、2020（令和2）年12月末で人口5752人という小さな自治体ですが、2021年4月の段階で1歳児だけで満杯になるかもしれないとの相談を受けました。定員12名の小規模保育園は、単純計算で1学年4人いればよいわけですから、そのくらいのニーズはあります。

ただし、小規模保育事業にも弱点はあります。それは、定員が少ないため、1人あたりの客単価（あえて表現します）の割合が高いのです。12人なら1人で8％以上の売上になるわけです。

よく、定員の半分も埋まれば儲かると思われるのですが、利益率50％なんて甘い事業があるわけがありません。満杯になれば利益20％は確保できるかもしれませんが、たった3人不足するだけで、すぐに赤字運営となってしまいます。

しかも、認可は先の予約まで可能なので、枠は確保されているのに入園まで収入がないこともあります。その間に別の保護者の方から「すぐ入りたい」と問い合わせがくると、正直、そちらのほうを優先してほしいと思うこともあります。

もう一つ、兄弟がいて上の子が別の保育園に通っていて、その保育園で未満児に空きが出ると、そちらに移ってしまう可能性が高いことです。保護者にしてみれば、送り迎えが2カ所になるのは手間がかかります。認可保育所はどこの保育園でも同じ保育料ですから、手間がかからないほうを選択するのは仕方のないことでしょう。

小規模保育所が安定した利益を出せる理由

第1章で大規模園が未満児保育に積極的ではない理由として収支を理由の一つに挙げましたが、１人の保育者がお世話できる0歳児３人の収入は、２０１９（令和元）年度の公定価格によると１００名規模の大規模園が約51万円に対して、12名定員の小規模園なら約72万円です。これなら人件費などの諸経費を引いてもお金は残るでしょう。

前述のように小規模保育事業は、さまざまな理由で年度途中での転園、退園が少なくありませんが、それでも1年間を通じてなら安定的な利益を見込めると思います。

その理由が月齢と年度の問題です。保育所は一般的には6カ月以上のお子さんから預かります。したがって、4月1日の時点で6カ月に達していないお子さんは申請すらできないこともあります。

そうなると人気園は定員に達してしまいますから、そのあとに6カ月に達して、いざ、保育園に預けようとしても、受付終了となっていることは珍しくありません。結果、開園したてで知名度がまったくない状態でも、どこの園でもいいから子どもを預けたい保護者がいれば、自治体が受け入れを打診してきます。

今でこそ第1希望に名前が挙がるようになった私たちの保育園も、初年度は、申請書類（第3希望まで記入できる）の欄外に第4希望として書かれてあった申込書を見て悲しかった思い出があります。もっとも、経営者的にはそんな感傷よりも健全運営ですから、第4希望でもなんでも入園してくれるならありがたいです。

このように、「認可」は、あくまでも保護者が自治体に申請して、自治体が入園先を決定しますから、広告宣伝費をかけて園児を募集するということはありません。そして、そこにニーズがあるからこそ、自治体は新しい保育所開設の申請を受け付けてくれるわけです。

私たちが最初の認可保育園を立ち上げた岐阜県美濃加茂市ではこの10年で未満児の通園率が倍以上になっていますが、だからといって子どもの数が10年で半分になったわけではありません。「少子化なのに保育園をやって将来はあるのか？」と心配されますが、未満児保育に限っていえば、利用する絶対数は年々増えています。

そして、既存の保育園は、面積基準、保育士の雇用人数の問題から容易に未満児の定員を増やすことはできません。ビジネス的にいえばニッチな領域なわけです。

私は、小規模保育事業は①保育士による園児への体罰、②保育園の管理体制の甘さによる重大な事故、③職員へのパワハラ・セクハラによる一斉退職、という誠意をもって運営していれば起きないような事態でしか危機的運営にはならないと思います。

保育業界にしがらみのない経営者だから成功できる

これまで認可保育所は、社会福祉法人などが運営するのが一般的でした。社会福祉法人のすべてがそうだとは言いませんが、やはり、社会福祉法人には古い体質が残っている印象があります。

新設する保育園の準備をしていたときのことです。当時は園長を含め、新設する保育園の職員はすべて新規で採用していました。備品の配置などを手伝っていたら、やたらと「ありがとうございます」「すみません」と声を掛けられ、極めつけは、園を出ようとしたら、玄関の外に整列して見送ってくれたのです。後で園長に聞いたら「前の園ではそうだったから」と答えました。どれだけ既存の保育園の代表が「おエライさん」なのかと思いました。

第1章でも保育士の処遇について述べましたが、保育業界では保育士の一斉退職が問題となっています。その多くが古い価値観から来るパワハラだったり処遇の悪さだったりします。

保育園は圧倒的に女性比率が高い職場です。全国保育協議会の調査によると2016年の段階で男性保育士の割合は3・9%となっており、女性比率は美容業界や介護業界よりも高いのです。

一方で、理事長のような保育園の代表者はというと圧倒的に年配の男性が多く、まだまだ、古きよき婦人像という妄想にとらわれている方を散見します。

もっとも、これは保育士側にもいえて、職場内での問題などを相談すると「女の職場ですからね」でまとめられてしまうことがあります。その都度、「仕事と性別は関係ありません」と私が注意するのですが、そうした古い価値観や慣習は、保育の現場で根強いように感じます。そして若い保育士にはそれが通用しなくなってきていると思います。

保育業界は新卒採用が一般的であることも理由と考えられます。２０２０年の第一生命保険の「大人になったらなりたいものベスト10」で、保育士は小学生の女子で第２位にランクされるほど人気の高い職業です。そのため、短期大学などの保育士養成校を卒業して保育士になる新卒が雨後の筍のように発生するのです。

保育園に勤務するステレオタイプの保育士は若い女性であることが多いのですが、あたかも保育士を使い捨てるかのように、正社員の保育士が退職したら、パートで穴埋めをして、正社員は次の新卒で補充という保育園も少なくありません。

２０１３年の厚生労働省の社会福祉施設等調査によると、保育士の経験年数が８年未満の割合が49・２％です。老舗の企業で10年以上働いている社員が半分しかいないというのは考えられないので、それだけ、保育園は、若い人がどんどん入り、どんどん辞めていく業界なのです。

実際、私たちの保育園に面接にきた保育士に前職を辞めた理由を聞くと「妊娠する気がある人は辞めるというのが暗黙のルールだから」と答えた方がいます。妊娠したからではなく、妊娠する気があるだけで退職なのです。とても人手不足といわれている業界とは思えません。なお、その方は、私たちの保育園に入社して翌年に妊娠、出産し、今春に復帰予定です。

おそらく、すべては保育所の収入が子どもの人数で決まってくることが原因ではないかと思います。一般的な企業では、経験値を上げることで売上向上にもつながるかもしれませんが、保育所では、1年目の新人も20年目のベテランも保育士資格さえ持っていれば収入は一緒です。言い換えれば、定期昇給するほど保育所に残るお金は減っていくのです。結果的に、給料の安い新人保育士を増やし、給与もほとんど上がらないという保育業界の処遇の悪さにつながると考えます。

私たちの保育園で、その昇給額の高さ（一般企業としては常識的な額）に驚かれるのは、私が理事長報酬のように保育園からの収入を受け取っていないからです。そもそも、公定価格とは子どもを保育するための費用ですから、そこに理事長報酬が上乗せされているわけではありません。理事長がトップにふさわしい報酬を得ようとすれば、それだけ保育士への分配率を下げないといけません。私は、本業で役員報酬を得ていますから、保育園から報酬を得る必要性がなく、その分を現場へ還元できるわけです。

もちろん、私は起業家ですから奉仕の精神だけで保育園を運営しているわけではありません。

中小企業の課題は圧倒的に人材不足です。自社に保育園を持っていることは人材募集で驚異的な武器になります。私たちの会社にはデイサービスやコンビニなど人手不足が社会問題になっている事業がありますが、保育園を運営してから人手不足で悩む必要がなくなりました。

人手不足の解消により、本業の利益確保が達成されるので、保育園で儲ける必要がありません。きちんと現場に還元すればいいのです。それでも、理事長報酬ほどではありませんが、お金が残るのが保育ビジネスです。

私が経営者に小規模保育園をお勧めするのは、保育ビジネスという新しい収入源を得ましょうというよりは、人材を確保し、本業をさらに発展させるために保育ビジネスに参入してみてはと思うからです。

ただし、ミイラ取りがミイラになってしまわないように、コンプライアンス意識をしっかりもち、保育士の処遇改善を成し遂げられる方が求められます。

保育園を商売として考えてほしい

保育所の収入は子どもの人数で決まっているため、利益を残そうとすれば保育士の人件費を下げなければいけないということを前項で述べ、これを改善するには、本業があり、保育園で「商売」する必要性がない経営者に参入してほしいと提案しました。

そのうえで、矛盾した表現ですが、私は「保育園を商売として考えてほしい」と思っています。日本人には「商売」＝「金儲け」＝「悪」という思考回路になっている方が多く、保育をはじめとする福祉サービスで「商売」を持ち出すと拒否反応を示す方がたくさんいらっしゃいます。

しかし、本来、商売とは、まじめにコツコツと働いている人たちの商いです。今でも地方のイベントに金銭的、人的で協力しているのは地元の商工業者なのです。

保育園を商売として考えた場合、保育園は、保育士が子どものお世話をするという役務提供型ビジネスです。また、人件費率が60％を超える労働集約型ビジネスです。つまり、商品と店員が一致しているということです。

ラーメン屋でいえば、少しくらい店員の接客態度が悪くても、ラーメンが絶品だったら人気店にもなりますが、保育園は、保育士そのものがラーメンであり、店員なのです。

つまり、どれだけ接客態度が良くても、肝心のラーメンが不味ければ意味がありません。もし、ラーメン屋の店主が「とにかく材料は安ければいい」という考えだとしたら、そのラーメン屋は繁盛するでしょうか？

保育士を商品と考えれば、原材料費ともいえる保育士の人件費はけちけちせず、保育士は大切にしなければいけない存在だということがご理解いただけると思います。

保育はサービス業である

私が経営者に保育ビジネスに参入してほしい理由は、「保育はサービス業である」という精神が保育業界にはまだまだ不足していると思うからです。

もっとも、私は「お客さまは神様です」という発想はおかしいと思っていますので、あくまでもお互いに敬意をもったうえでサービス業としての配慮が必要だと思います。そうした意味でも、最近の病院の「患者さま」は好きになれません。

私が驚いたのは、保育園や幼稚園は、意外と諸経費を徴収しているということでした。誕生日イベントで子どもに渡すプレゼント代を保護者から徴収することも珍しくありません。

誕生日に食事に行き、お店側がサプライズでケーキを出してくれたと思ったら、ちゃっかり請求されていたとは笑い話のようですが、それが保育園なのです。

未満児の場合、オムツどころかおしり拭き（ウェットティッシュ）まで持参させることが一般的です。保育園では、トイレトレーニングの一環で同じタイミングでトイレに行き、オムツを交換しますが、そのときにどうするのか保育士に質問すると「一人ひとりの分を用意して使っていました」とのことでした。

私たちの保育園に転職した保育士は、あらゆる場面で驚かれますが、おしり拭きを保育園が提供しているということもその一つです。

私たちの保育園では年間２４００円の保険料と年間３００円の教材費以外を徴収しませんし、それも来年度から廃止することにしました。

それでも、私たちの保育事業はお金を残してくれます。いったい、既存の保育園はどこにお金が消えているのでしょう。

一方で、保育士側にもサービス業としての意識が必要かと思います。私たちの保育園ではありませんが、インターネット上では保育士の厳しい意見をよく見ます。その代表例が「仕事が終わってんならさっさと迎えに来い！」です。

閉園時間になっても迎えに来ないのであれば分かりますが、短時間保育でもない限り、閉園時間まで子どもを預けてもなんの問題もありません。

もちろん、なるべくママと接する時間を長くもってほしいという保育士の気持ちも理解できますが、私は介護事業者でもあり、介護事業には「レスパイトケア」という概念があります。

　レスパイトケアとは、介護をしている家族などが一時的に介護から解放され、休息を摂れるように支援することです。家族の介護に携わっていると、知らず知らずのうちに精神的にも肉体的にも負担を感じるようになり、ちょっとしたことで感情的になるので、その怒りの方向が高齢者に向けられてしまうことを未然に防ぐ意味もあります。

　おそらく、育児経験者であれば、仕事で余裕がないときに、つい子どもに厳しく接してしまった経験をおもちでしょう。それが児童虐待に発展しないとはいいきれません。

　保育園は、園内だけで子どもの安全が守られればよいわけではありません。悲しいことですが、子どもの安全を脅かす存在が保護者かもしれないという観点をもてば、仕事が終わって息抜きをしてから迎えに来たっていいじゃないかと思えるようになります。

　私は、このレスパイトケアの考えを保育士に強烈に伝えるために面接でこんな話をします。「子どもを一時預かり保育に預けてパチンコに行くほうが、駐車場に子どもを放置してパチンコをやっているよりマシです」と。もちろん、「ただし、あまりにも頻度が多いときは、ギャンブル依存症や育児放棄の疑いがあるので、そこはプロとして関係機関に相談しなければいけない」と付け加えています。

前項で述べたように、保育園を商売と考えるならば、保育士が業務として子どものお世話をする役務が商品であり、保護者と接しているときは接客なのです。

決して保育士に「〇〇さまのお子さまの本日のご様子は……」と対応してほしいと言っているのではなく、保護者の方が働いているからこそ、私たちは税金をもらって保育園を運営しているのであり、勤労に感謝し、保護者への敬意を忘れてはならないと思います。

第3章

事業計画、立地選び、保育士の募集・採用……「小規模保育所」開業の流れと注意点

最も重要なことは「方針」を確立すること

民間企業が保育ビジネスに参入すると、やはり、「金儲け主義」というイメージがつきものです。それは、外部の人だけではなく、職員からも向けられるのです。

中小企業の経営者というのは、特に接客サービス業では、社長が営業でもあるので、多少の見栄えが必要になります。決して、私腹を肥やしているのではなく、商売人同士なら「儲かっている」＝「いい仕事をしている」という思考回路なので、儲かっているフリをすることも仕事のうちなのです。

それを職員に理解してもらえないと、前職のイメージから「社長は私たちの給料をケチって自分だけいい思いをしている」となってしまうのです。

そのため、小規模保育事業を始めようとする方は、まずは、保育園の経営方針を定めてください。一般的に「ミッション・ビジョン・バリュー」と呼ばれるものです。

ミッション・ビジョン・バリューは、経営学者として知られるピーター・F・ドラッカーが提唱した「企業の経営方針」です。経営方針を定めることは、職員に対して民間企業が保育ビジネスを担う意味を示すうえでも重要な役割を果たします。

ミッションとは、「会社が果たすべき使命や役割」を表したものです。「自分たちはどんな社会課題を解決したいか？」と置き換えて考えるといいと思います。

私たちの会社では次のように定めています。

▼〈会社のミッション〉
日本の未来をデザインする

ビジョンとは、ミッションを達成するために「あるべき会社の理想の姿」を言語化したものです。ミッションという目標に対して、どんな手段で臨むのかを職員に示すことです。ただしビジョンは、未来永劫に目指す目標を指すものではなく、中長期的な目標を指すものをいいます。中長期的な視点での「目指す理想の姿」であるため、周辺環境や経営状態の変化など状況に応じて変更されることもあります。

私たちの会社では次のように定めています。

▼〈会社のビジョン〉
事業性をもって社会問題を解決する集団

バリューとは、この事業が「大切にする価値観や行動基準」です。ビジョン、ミッションに近づくための行動基準や価値観となるものです。

私たちの会社であれば、この指針があるからこそ、学習塾を経営しながら、介護施設や福祉施設にも参入していく根拠となっています。

▼〈会社のバリュー〉

1　優れた教育を提供し、日本の未来を担う次世代を育成する

幼児教育から大学受験、社会人への資格習得支援などを通じて一人ひとりの価値観を高めることに貢献します。

2　次世代に負担を残さない社会福祉を実現する

いままでのような起きてから対処する福祉ではなく、起こる前に防ぐ未病、予防に取り組むことで膨らむ社会福祉予算の軽減に貢献します。

３　誰もが活躍できる社会を実現する

多様な価値観を尊重し、誰もが活躍できるような支援体制を構築し、社会の活性化に貢献します。

私たちの会社では、さらにポリシーを加えています。ミッション・ビジョン・バリューは、会社が主体であるのに対し、ポリシーは、社員が主体です。

▼〈社員のポリシー〉

1　Fun：明るく楽しい職場で
2　Freedom：自由に発想し
3　Foritude：苦境にも負けず
4　Fairness：公正に
5　Friendship：友好的に接します

私たちの会社ではこれらのFを全社員参加の総選挙で選びました。ただし、Family（家族）に関しては、候補から除外してもらいました。中小企業では、社長が「会社は家族だ」という方がいますが、その考えこそ社長を家長とした古い体質の元凶であり、パワハラ、セクハラの温床だと思っています。私は面接でも「会社は家族ではありません。私とあなたは契約上のパートナーであり、あなたのプライベートにはなんの興味もありません」と発言します。冷たいように感じるかもしれませんが、「私たちは家族ではない分、その縁が切れやすいから、お互いに尊重し、配慮をしていきましょう」というメッセージが込められています。

会社の方針を定めたら、次に保育園の方針を定めます。これは、保護者向けであり、職員向けでもあります。これはミッションとビジョンだけでもいいかもしれません。

私たちの保育園では次のように定めています。

▼〈りんご保育園のミッション〉

現在（いま）を支え未来（みらい）を育てる

保育所は働く保護者のための施設です。子どもしか見ていないとついつい保護者の都合を後回しにしてしまいがちです。私たちは「忙しい保護者を支える」という気持ちをもって保育所を運営しています。

▼〈りんご保育園のビジョン〉

《幼児教育》

りんご保育園を運営している株式会社Five Boxesは可児市や美濃加茂市を中心に学習塾やフィットネスジムを運営している会社です。子どもたちの成長に合わせたダンスや教育など、預けるだけではない保育サービスを提供します。

《愛着形成》

乳幼児期の成長に最も大切なことは、周囲の大人から自分が大切にされていることを実感する「愛着形成」です。

りんご保育園は常に複数の保育士が子どもたち一人ひとりに目を配り大切に対応しています。
他者から大切にされるからこそ、将来、他者を大切にできる優しい心が育まれます。

《現場主義》

保育所には保育士のほかに看護師、幼稚園教諭、保健師、助産師、管理栄養士、子育て支援員などさまざまな資格を有するスタッフがいます。
私たちは子どもや保護者の皆さまだけではなく、スタッフからも愛される保育所を目指しています。

ここで明確に「保育園はサービス業である」ことを保育士に促す一方で、会社として、「職員を大切にするんだ」という意思表示をしています。これらの文言は、自治体が行う入園説明会用のチラシにも掲載しています。多くの園のチラシに「子ども」に対してのＰＲが並ぶなかで、私たちは子どものことにはほとんど触れず、「この園は保護者のためにある」「保育士を大切にする」しか載せていないので、かなり異質に思われています。

「子ども」よりも「保護者」という表現に違和感があるかもしれませんが、子どもよりも自分を優先してほしいという保護者などほとんどいません。子どもが喜び、健全に育まれている保育園こそが保護者のためになるのです。

「保育士を大切にする」も同様です。私は「人は人に大切にされ、認められることで、人を大切にし、認める人になる」と考えています。保育者に子どもを大切にしてほしいと願うのであれば、まず、経営者が職員を大切にしなければいけません。

なお、ここまでの文章で、「保育士」「保育者」「職員」と表現を統一していません。その理由は、それぞれ明確に意味が違うからです。例えば、子どものお世話は必ずしも「保育士」ではありません。保育士とは保育士の資格を有するものであり、保育に従事できる者には看護師や子育て支援員などがおり、保育士を含め、子どものお世話をする者を「保育者」と呼ぶのです。

そして、保育園には調理員や事務員など保育に従事しないスタッフも在籍しています。経営者が「保育士」としか言及しなければ、保育園で働くほかの職種の方のやる気が低下するだけではなく、職種間の確執まで生まれかねません。

そのため、私は保育士を念頭にしている場合は「保育士」、子どものお世話の場合は「保育者」、保育園のスタッフの場合は「職員」と普段から使い分けています。だったら「職員」だけでいいじゃないかと思われるかもしれませんが、より細かく分類するほうがその人の感情に訴えやすいので、一人ひとりの呼称にまで配慮することが経営者にとって大切なことだと考えています。

ここまでが経営者が考えることとです。実際の現場の方針は、監督することはあっても、基本的に現場の職員に定めてもらいましょう。といっても、保育所は公共サービスですから、あまり、保育園ごとに独特過ぎる方針は敬遠されます。そのため、基本的には、厚生労働省の「保育所保育指針」が元になります。

保育所保育指針は、１９６５年に策定され、１９９０年、１９９９年と2回の改定を経た後、２００８年度の改定に際して告示化されました。その後、社会状況の変化に合わせ数年ごとに改定されています。

直近では２０１８年に改定が行われています。今回の改定では小規模保育事業が対象とする、乳児・１歳以上３歳未満児の保育に関する記載が充実化されています。

今回の改定では小規模保育事業が対象とする、乳児・１歳以上３歳未満児の保育に関する記載が充実化されています。

ここでは、厚生労働省の「保育所保育指針」（平成30年２月）をベースにして、小規模保育所に求められる乳幼児、０～３歳未満児の保育の内容について見てみましょう。

保育所保育指針には、保育にあたって配慮すべき事柄も記載されています。この部分は保育マニュアルをつくる際に参考になるでしょう。その部分を抜粋して紹介します。

「保育所保育指針」にみる０～３歳未満の保育に求められること

乳児期は心身の発達がとても著しい時期です。生後３～４カ月ほどで首がすわり、寝返りがうてるようになります。そのあとは、はうことができるようになり、つたい歩きができるようになっていきます。徐々に自分の意思で体を動かせるようになるのです。

また、さまざまな感覚を通して、外の世界から刺激を受けることで、多くのものに関心をもつようになります。

一方で栄養面でも、最初は母乳または育児用のミルクから摂っていますが、徐々に離乳食が始まり、形のあるものを食べられるようになります。

人との関わりも始まります。まだ言葉を話すことができませんので、表情を変えたり、体を動かしたり、泣いたりすることで自分の欲求を表現します。喃語（なんご）を発するようになるのもこの時期です。喃語とは、２つ以上の音からなる声で、乳児の発達を確認する方法としても利用されています。

生後６カ月ほどになると、人の顔が認識できるようになります。保護者があやすと、喜ぶようになり、双方向の意志疎通が可能になります。常に世話をしてくれる特定の相手とは信頼関係が育まれていきますが、見知らぬ相手に対しては人見知りをします。

そのあと、生後９カ月ほどになると、言葉によるコミュニケーションも見られるようになります。

このように乳児期は保護者など特定の相手と信頼関係を築きながら、自分の世界を広げて、言葉を覚える時期ですので、保育においても応答的な関わりが重要になってきます。

また、乳児期は、自分と外の世界の区別があまりできていません。自分の手で周囲に触れて、人やモノの感触の違いを感じ取っていきます。こうした経験を通して、人やモノに触れてみたい、関わってみたいとの気持ちが生まれ、自分の体を動かすようになります。そして、行動範囲が広がっていきます。

乳児期はこのような状態であることから、保育でまず重要になるのは、生理的な欲求がほどよく満たされることです。ただ、「欲求が満たされればよい」というものではありません。例えば、食事の場合でも単に食欲が満たされるだけでなく、保育士が空腹に気づき、優しい言葉をかけながら、タイミング良く食べさせたり、飲ませたりしてくれることが重要です。

その結果、お腹が満たされて心地良くなる経験を通して、人や周囲に対する信頼感が生まれてきます。これは食事だけでなく、ほかの生理的な欲求でも同じです。こうした経験を通して、人と関わりたい、認めてほしいという心理的な欲求が育っていくのです。

一人ひとりの発育に応じて、はう、立つ、歩くなど、十分に体を動かす

一方でこの時期の子どもの発達は個人差が大きいのも事実です。生後10カ月ほどになると、一人で座れるようになります。周囲を観察して興味を引かれるものがあれば、触れてみようとします。

手を伸ばしても届かないときには、なんとか近づこうとします。それがはうなどの行動につながるのです。自分の体を動かすと、欲しいものが手に入るという経験をします。

このような発達の過程を踏まえて、保育者は子どもの発達に応じた遊びの内容を考える必要があります。遊びを通した経験のなかで子どもは、はう、立つ、歩くなど体を動かすことの楽しさを経験していきます。

そのためには、十分に体を動かすことのできる空間を確保するとともに、子どもの個人差や興味、関心に沿った保育室の環境を整えることが求められます。

個人差に応じて授乳を行い、離乳を進めていく

食事面では、一人ひとりの子どもの欲求に応えながら、落ち着いた環境で授乳を行う必要があります。自分の欲求に応じて食欲が満たされると、子どもは安心感を覚えます。

離乳に関しては、子どもの家庭の状況や発育状況に応じて、柔軟に対応する必要があります。

また、子どもが初めて口にする食品を提供する場合には、子どもがおいしさを経験できるような言葉をかけることも重要です。子どもが苦手そうな味や食品については、形や食べる順番を変えるなどの工夫も必要です。

食事の時間で大事なことは子どもが楽しい時間であると感じるように心掛けることです。

一人ひとりの生活のリズムに応じて、安全な環境で十分に昼寝

この時期の子どもをお世話するには、よく寝て、よく飲み、よく食べ、十分に寝たあとはしっかり遊んで、起きている時間を充実したものにすることが重要です。

お昼寝の時間には個人差がありますから、静かで安心して眠れる場所が必要です。また、睡眠中の安全には、十分配慮しなければなりません。

しっかり午睡ができた子どもの情緒は安定します。情緒が安定した子どもは、活発に探索活動を行い、意識がより覚醒し、目覚めている時間が長くなります。よく遊んだ子どもはほどよい空腹を感じることにもつながります。それが食事への意欲を高めることになります。

楽しい食事の時間を過ごすと、空腹が満たされ、心地良さが眠りを誘います。そうしているうちに子どもたちの目覚めている時間が徐々にそろっていきます。同じ時間に食事をして、眠るようになっていきます。保育所の一日の流れのリズムができてい

きます。

清潔になることが心地良いという感覚は、経験を通して学習されます。例えば、オムツが濡れているときに、「気持ち悪いね」と言葉を掛けられながら交換をしてもらい、さらさらとしたオムツの感触を感じたときに「さっぱりしたね」と言葉をかけられると、子どもは何が気持ち悪く、何がさっぱりしているかを経験から理解します。これを繰り返していくことで、清潔であることが心地良いと感じるようになります。着替えや食事の際に手や顔を拭いてもらうことも、同じ効果があります。

遊びのなかで体を動かす機会を十分に確保する

心と体の健康は、密接に関連しています。寝返り、お座り、はいはい、つかまり立ち、伝い歩きなど、発育に応じた遊びのなかで体を動かす機会を十分に確保し、子どもが自ら体を動かそうとする意欲が育つようにすることが重要です。

保育所は、一人ひとりの子どもの発達の状態に応じて、体を動かす機会や環境を確保しましょう。

乳児期の子どもの食事は、母乳または育児用ミルクなどから、すり潰した状態の食べ物を経て、ある程度の固さや形のある幼児食へと移行していきます。保育所は、その過程でさまざまな食品に慣れるように工夫するとともに、食べる喜びや楽しさを味わい、進んで食べようとする気持ちが育つようにしなければなりません。

また、離乳期には、食べることができる食品の量や種類が次第に増えていきます。食べる楽しみを体験することで食べることへの意欲が生まれ、健康な心や体を育てるうえで重要な食習慣の形成の第一歩が始まります。

そして、離乳食が完了期を迎える時期の子どもたちは、食事の時間がある程度、そろってきます。同じタイミングで、ほかの子どもと一緒に食事を楽しむ場面も出てきます。

食物アレルギーのある子どもへの対応については、特に注意が必要です。嘱託医等の指示や協力のもとに適切な対応が求められるとともに、ほかの子どもと一緒に食べているという気持ちがもてるように配慮することが大事です。

人との関わりから愛着関係を形成

子どもの発達の段階では、人との関わりも重要です。乳児期では、子どもは身近にいる保育者など特定の人との関わりを通じて、相手との間に愛着関係を形成します。これにより人に対する信頼感を培っていくのです。また、スキンシップは心の安定につながります。

子どもたちは、身近な大人と感覚や感情を共有することで、言葉の理解や言葉を発したい気持ちが育まれていきます。

保育所は、子どもにとって、人との関わりの基盤を築く時期といえるのです。

泣いている子どもに対処する

子どもは自分の思いや欲求を十分に表現できないため、泣くことが伝える手段の一つになっています。

保育所では、子どもの思いや欲求、感情を読み取り、適切に応えていくことが大事です。

身の回りへの興味や好奇心が心身を発達させる

身の回りの環境に対する子どもの興味や好奇心は、心身の発達を促します。保育所では、子どもが身近なものに興味をもち、自ら行動しようとする意欲を育てることが重要です。

乳児期のコミュニケーションは、表情や仕草、泣き、発声などを通して行われます。例えば保育者を担当制にするなど、特定の保育者が継続的に関わることで、より細やかに子どもの表現を理解しやすくなります。

乳児期に保育で配慮すべきことは

乳児期の子どもは抵抗力が弱く、感染症などの病気にかかりやすいため、最大限の注意を払わなければなりません。特に、産後休業明けから入所する子どもは生命の保持と情緒の安定に配慮した細やかな保育が必要です。

疾病や異常を早く発見するには、心身の状態を細かく観察することが重要です。複数の職員で観察し、一人ひとりの生育歴の違いを踏まえて、必要な働きかけをすることが大切です。

保育所では、朝の受け入れ時の視診から引き渡し時まで、全職員がその専門性を発揮できるようにします。授乳や離乳については、必要に応じて嘱託医や栄養士、看護師などと連携し、一人ひとりの状態に合わせて進めていかなければなりません。

乳児期の保育では、特に保護者との密接な連携が重要です。保護者に生活の状況や家庭での食事や排泄、睡眠等の様子を丁寧に聴きとっておくことで、子どもを理解するとともに、保護者の就労や子育てを支えることにもつながります。

子育てを始めた当初、保護者は育児に不安を抱き、悩みを抱えています。保育士は保護者の子育てを支援しながら、信頼関係を築いていくことが重要です。

1歳以上3歳未満児の保育の内容

1歳以上3歳未満の子どもは、運動機能が発達し歩き始め、徐々に走ったり、階段を上がったり、両足で跳んだりできるようになります。手の機能も高まり、身の回りのことを自分でしようとする行動も見られます。

言葉の理解力も高まり、指差し、身振り、片言などで大人に自分の意思を伝えたいとの欲求も高まる時期です。３歳に近づく頃には、自分のしたいことや相手にしてほしいことを言葉で伝えられるようになります。

1歳半ば頃からは、自己主張をすることが多くなる一方で、自分の思いどおりにはならないもどかしさを経験したりします。保育者には、十分に言葉にできない子どもの気持ちを汲み取り、受け入れて尊重し、見守りながら支えていくことが求められます。

保育所保育指針では、この時期の保育の内容を①健康、②人間関係、③環境、④言葉、⑤表現の５つの領域に分類して示しています。

①健　康 ― 自ら健康で安全な生活をつくり出す力を養う

子どもは自分が一人の人間として尊重されることで、自分がもっている心身の力を発揮して、さまざまなことにチャレンジしてみようとの気持ちが生まれます。

子どもが伸び伸びと体を動かし、遊びを充実させるために、保育所は一人ひとりの子どもの関心に合わせ行動範囲や動線を視野に入れた空間の取り方や区切り方を工夫することが重要です。

②人間関係——自立心を育て、人と関わる力を養う

この時期の子どもは、周囲の同年代の子どもにも興味を示し、関わりをもとうとします。そのなかで人と関わることの楽しさや安心感などを味わい、人と関わる力の基礎を培っていきます。

保育所は子どもがほかの年齢の子どもの存在を感じ、関わりを楽しめるように援助する役割をもちます。

③環　境

好奇心や探究心をもち生活に取り入れる力を養う

子どもの行動範囲が広がるとともに、見たり触れたり感じたりするものが増えていきます。対象のもつ性質や動きの特徴、モノとモノの違いや関係性、仕組みなどを経験的に理解していきます。好奇心をもって周囲の環境に関わり、自分なりに探求することで生活や遊びに取り入れる力へとつなげていくのです。

保育所では、子どもの活発な探索活動が豊かな感覚や感性を育てることを理解し、安全で活動しやすい環境を整えることが大切です。

④言　葉

言葉に対する感覚や言葉で表現する力を養う

この時期の子どもの言葉の発達を支えるには、言葉のもつ響きやリズムの面白さや美しさ、言葉を交わすことの楽しさなどを感じ取れるようにすることが大切です。保育士は、絵本や詩、歌など、子どもが興味をもって言葉に親しむことのできる環境を整える必要があります。また、日常の中でもあいさつをはじめ、生活や遊びのなかで丁寧に温かく言葉を掛けながら関わることが大事です。

保育士が子どもの発する言葉に耳を傾け、応答的なやり取りを重ねていくことは、子どもが自分の気持ちを伝えようとする意欲を育むことにつながります。

⑤表 現 表現することで豊かな感性や表現する力を養う

子どもは、身近な環境のなかでさまざまな人やモノ、自然などと関わり、感じたことを基に、自分のなかにイメージをつくっていきます。それを蓄積していくことで、目の前にないモノでも別のモノで見立てたり、再現したりできるようになります。身近な環境と関わりを感じ取り、イメージを形成する力が表現する力や創造性の発達の基礎となります。

この時期の子どもは歩くことができるようになり、行動範囲が広がり、乳児期よりも多様なものに出会い、触れ合うことができます。それにより、形や色、音、感触、香りなど、それぞれがもつ性質や特徴をさまざまな感覚でとらえるようになります。自分の体を通した経験を豊かに重ねていくことが感覚の発達を促していきます。

保育所では、子どもがさまざまな方法で主体的に関わり、その変化や手応えを楽しめるような保育の環境を用意することが望ましいでしょう。また、子どもがじっくりとモノと関われるような時間がしっかりと確保されていることも重要です。

では、実際に小規模保育所の運営に参入するには、どのような手順で準備を進めていけばよいのかを紹介します。

【オープン半年前】

▼ステップ1　自治体の窓口でヒアリングをする

小規模保育所を開園する際には、遅くとも半年前に自治体に相談をすることになります。それ以前から打診してやりとりをするのが一般的ですが、正式にオープンの相談をするのは半年前です。このときにはまずヒアリングという形で「オープンしたいのですが、どうでしょうか」と打診をします。

私の会社では2021年4月のオープンに向けて、2つの自治体で打診しました。そのうち1カ所は「待っていました」という歓迎の反応でしたが、もう1カ所は「計画に基づきます」との答えでした。これは都市部でありがちなものですが、厄介な反応です。

「計画に基づく」とは、認可保育所の難しいところでもあります。本来、認可保育所を開園する際には半年ではなく、2年、3年前から準備をする必要があります。なぜなら認可保育所の場合、企業主導型も同様ですが、建築費用の4分の3を公的資金で賄ってくれます。4分の2を国が、4分の1を都道府県が負担するのです。

ただ、申請窓口は市区町村の役場なので、申請があった場合、市区町村の担当職員は国や都道府県に4分の3の費用を請求しなければなりません。役所は年度が始まる前に予算を組んで事業を行います。保育所が大幅に不足している場合には、年度の途中でも補正予算を組んで対応してくれますが、そうではない自治体では次年度予算での対応になります。その場合には、開園できるのが1年半後くらいになるのです。これは窓口の担当者にもよります。熱心でない担当者の場合には、補正予算で自分の仕事が増えるのがいやなので、次年度の予算になることもあります。

この点で、意外に思われるかもしれませんが、私の提案する小規模保育所の申請は都市部よりも郊外や地方のほうが有利だと思います。

もし都市部で保育ビジネスを考えるのであれば、企業主導型保育事業の採択の可能性がまだありますので、そちらを検討されるか、認可外保育施設で開園するほうがよ

小規模保育所開業の流れ

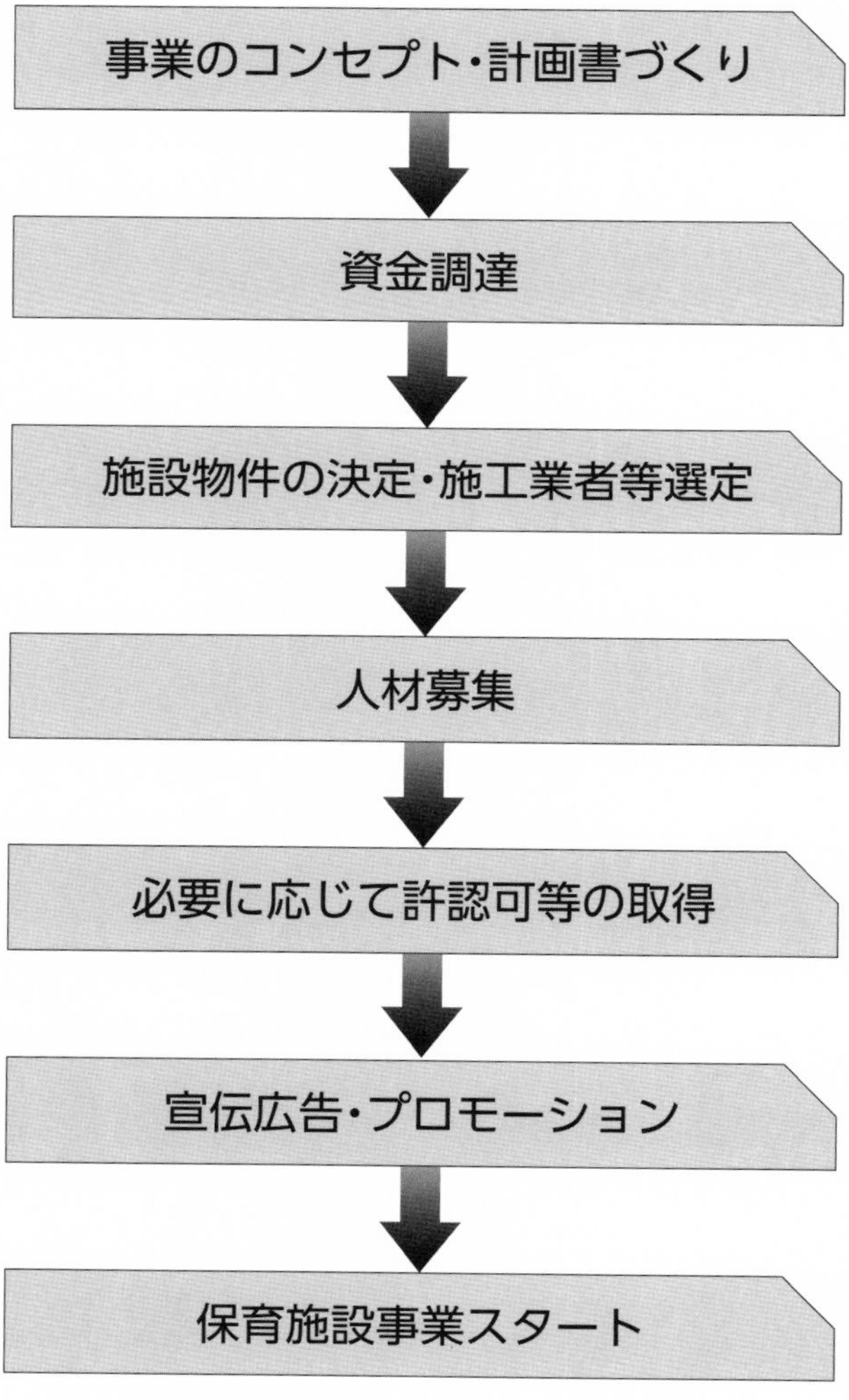

いかもしれません。

都市部は保育所不足が課題になっているので、すでに認可保育所を新設する分の予算が確保されています。そのため事業者は公募型が一般的です。つまり、期間を決めて保育所を開園したい人を集め、審査をするのです。

公募の場合は応募資格があります。例えば名古屋市の場合は、次のいずれかを運営している者が対象です。

（ア）保育所、認定こども園、幼稚園

（イ）地域型保育事業（小規模保育事業、事業所内保育事業、家庭的保育事業）

（ウ）地方自治体に児童福祉法に基づく届出をしている認可外保育施設のうち、１日４時間以上、週５日以上、６人以上の乳幼児の保育が可能であり、その保育施設業務経験が６カ月以上のもの

（エ）本市の病児・病後児デイケア事業

これから保育ビジネスに参入する企業の可能性としては（ウ）で、とりあえず、認可外保育施設で開業し、そのあと、その施設を改めて認可保育所として応募し、認可

してもらうことですが、現実的ではありません。

一方で地方はというと、そもそも、保育園を増やすという計画すらない自治体がたくさんあります。最近、公立保育園の民営化が進んでいますが、公募をしても手を挙げてくれる事業者がいないこともあります。

そのため、相談があって初めて保育園を増やすかどうかの検討が始まるのです。そして、地方ほど公立保育園での保育士の採用で苦労しており、ニーズがあっても未満児保育を増やすことができないので、意外なほど歓迎されます。

ここで本書の最も核心ともいえるセリフをお教えします。それは「自費で整備するので整備費は不要です」というものです。

前述の「計画に基づく」と回答のあった自治体も、それは都市部のような「公募が決まっているから個別申請を受けないよ」ではなく、そもそも整備費の予算を立てていないだけなのです。

保育を担当する窓口の職員は、住民からの隠れ待機児童に対してのクレームに対応されている方です。予算があるなら保育園を増やしたいとも考えていますが、地方自治体にはお金がありません。そこに予算は不要ですという事業者が現れれば、まさに渡りに船なのです。

実際、先ほどの門前払いに近い対応だった自治体にも、私たちが自費で開業する旨を伝えると、すぐに検討に入っていただき、無事、２０２１年４月開園予定となりました。

逆に「待ってました！」という対応の自治体は、想定していたテナントが地元の方から「よく道路が冠水する」と教えられたので保留になりました。その際も、「２、３００ｍ離れたところに公共施設があるから、そこへ避難すればいいのでは」との発言がありましたから、未満児保育に対するニーズの高さを窺い知ることができます。

そもそも、民間企業が新しい店舗を出店させるときに、開業費用が必要なのは当たり前のことです。私は保育ビジネスを商売として考えてほしいので、開業費まで税金をあてにするというのはどうかと思います。

もちろん、大規模園を建設するとなれば何億円もかかりますから、それを自費で賄えるわけがありませんが、私の提案する小規模保育園は、定員12人で、30坪くらいの大きさです。未満児ですから大型遊具もいりませんし、飲食店のような厨房設備も不要です。開業資金としては１０００万円くらいで十分だと思います。

ところで、保育業界には一般企業のビジネス感覚を導入して効率的な運営をしてほしいと願っていますが、すべてを民間の感覚で運営するのがいいともいえません。例えば、新たに保育所をオープンする場合、4月から受け入れても、すぐに定員がいっぱいになることはありません。5月、6月と徐々に入園して8月くらいに満杯になるのが理想です。

ところが民間企業が参入する場合、4月の第2週くらいで定員がいっぱいにならないと、保育士の数を減らしたり、休園してしまったりすることがあります。それは保育業界の事情を知らな過ぎるために起きていることです。

保育ビジネスは安定的な収益が期待できますから、あまり目先の利益ばかりを追い求めてもうまくいきません。ですから、半年くらいの運転資金を用意し、子どもの数が少なくても、絶対にパート保育士の出勤を減らしたりせず、約束どおりのシフトで勤務してもらい給料を払い続けてほしいと私は考えています。

一方で、保育園の利点は収入が先に入ってくる点です。介護事業などの保険適用サービスは2カ月後に入金されるので、それまで無収入で運営しないといけませんが、保育事業の場合、その月の1日時点の子どもの数で保育給付費が決まるので、早く請求すれば、その月の中旬には入金されます。

保育園の最大の支出は人件費です。つまり、4月開園なら、職員の給与は翌月の5月から発生するわけですが、4月分の運営費は4月に入金されます。先に1カ月分の収入が入るのはキャッシュフローの観点からも大きいです。

▼ステップ2　保育所の場所を確保する

ステップ2では、保育所の場所を確保します。小規模保育所の場合は、園庭が必須ではありません。近場に神社でもいいですし、公園でもいいですし、散歩に行ける範囲に遊べる場所が確保できれば、問題ありません。一般的な賃貸物件にテナントとして入る方法でも構わないわけです。

ただ、注意をしなければいけない点があります。その一つは、非常口です。保育所を含め福祉施設の場合は、非常口が必要になります。貸店舗には非常口がなく、出入り口が玄関だけの物件が少なくありませんので注意が必要です。

また、2階以上となると、さらに条件が厳しくなります。非常口は、外階段で1階へおりられることが必要です。内階段は認められません。必ず2階から外階段を使って避難できる状態でなくてはいけないのです。

ビルによっては、一つの階に複数の部屋があるケースも多いでしょう。その場合、非常口はビルの入居者が共有で使うものも認められません。保育所専用のものが必要です。部屋から出て廊下を通って非常口に行くのでは駄目なのです。部屋から直接、外階段を使って、避難できるようになっていなければなりません。

また、トイレが共有になると保育所には使えません。保育所専用で利用できるトイレを確保しなければなりません。

ですから物件を選ぶときには、できるだけ1階を選ぶとよいでしょう。その意味では、都市部よりも郊外のほうが物件を探しやすいと思います。

ただ、難しく考える必要はありません。認可保育所の場合は、企業主導型保育所と違い、事前に物件を確保していなくても自治体の職員は相談にのってくれます。そして、多くの自治体の職員は親切なので「ここでやろうと思うんですけど」と相談すると、わざわざテナントを見に来てくれます。私自身、「条件を満たすかどうかは申請書類を見て判断することですね」とあしらわれた経験は1カ所しかありません。

ただ、自治体の職員は設備基準を満たすかどうかという観点からの判断となりますので、保護者受けの良さなどを考慮すると、初めて保育所を運営する人は、設計士など保育所がよく分かっているプロに相談したほうがよいでしょう。

▼ステップ3　登録保育士を手配する（申請時に必要。のちに変更してもOK）

ステップ3が保育士の登録です。これも1つのネックになりがちですが、開業の申請をするときに保育士の登録もしなければならないのです。自治体によっては、職員名簿は採用が確定してから追加で提出すればいいというように融通が利くところもありますが、基本的には、就業する保育者をそろえてから申請です。

なお、申請時点の保育者が必ずしも就業する必要はありません。雇用者が労働者を確保できるのは14日間だけです。それ以降は労働者には辞める権利があります。もし、自治体が申請時の保育士でなければダメだというのであれば、それは「何人も、公共の福祉に反しない限り、居住、移転および職業選択の自由を有する」を保障する憲法違反ですからあり得ません。

保育所の人員配置基準は、子どもの人数に合わせた保育者と加配の保育者です。子どもの人数とは定員ではなく、実際に利用した人数ですから、とりえず、保育者は2人いれば十分です。

管理者を置かないと減算になってしまいますが、準備中に減算もなにもないので、とりあえず、園長予定の保育士とパートの保育士を採用しておけば十分です。

なお、管理者は、必ずしも保育士の資格は必要ありませんが、誰でもできるわけではありません。例えば、民生児童委員を経験していたり社会福祉主事を経験していたり、子どもに関係する仕事を3年程度経験した場合に、管理者になることができますが、小規模保育所では保育士に管理者（園長）をお願いするほうがよいでしょう。ただし、たとえ管理者が保育士であったとしても、管理者は保育者換算にはなりませんのでご注意ください。

園長予定の方やパートの方に保育園の方針や申請書類を作成してもらいながら、開業準備を進めていきます。これが6カ月前です。

▼ステップ4　申請

オープン3カ月ほど前には、申請書類を提出します。これは、必ずしも3カ月前と決まっているわけではありませんので、過去には2カ月前に提出したこともあります。書類を提出すると自治体がチェックをして、オープン1カ月前に正式な許可が下ります。申請書類についても、それまでの関係が良好であれば、自治体の職員は丁寧に説明してくれます。大切なのは、自治体の側に立って「一緒に地元の保育問題を解決しましょう」という姿勢を保つことです。市民活動家にありがちな「俺は正しいことをやっているんだ。公権力はもっと協力しろ」という姿勢は絶対にダメです。

なお、開業マニュアル本の多くは、こうした申請書類の書式や運営に必要な書類の書式、運営マニュアルを紹介していることが多いのですが、本書では、ほとんど扱いません。

それは、書式は自治体によって求められる基準が違うからです。A市で承認された申請書類がB市では訂正されたということは日常茶飯事です。本書の書式がミスリードを招いてはいけません。書式は開園を希望している自治体の意向に沿えばいいだけです。

マニュアル類については、保育園の特徴として、都道府県や市町村からマニュアルの訂正や追加の指示がよく届きます。本稿を執筆中の2021年1月28日には「節分の豆等の食品による子どもの窒息事故の予防に向けた注意喚起について」と題された数十ページに及ぶガイダンスが届きました。

要するに、小さい子どもには危険だから節分イベントで豆を食べさせないようにしましょうということです。こうした先を読んだガイダンスが毎週のように届くのです。

私たちは、いろいろなフランチャイズ事業を運営していますが、認可保育所は、いわば自治体がフランチャイズ本部で、私たちが加盟店のような存在なのです。

フランチャイズは、加盟店が好き勝手に運営してはいけません。認可保育所もそれと同様です。本部である自治体のマニュアルやガイダンスに従い運営をしていけばよいだけです。本当のフランチャイズと異なり、ロイヤリティを取られることもありません。

【オープン３カ月前】

▼ステップ5　保育士を募集・採用

オープン３カ月ほど前から保育士の手配を進めていきます。４月にオープンするのであれば前の年の12月ぐらいから、募集を始めるとよいでしょう。なぜなら、保育士の求人は12月から1月に向けてピークを迎えるからです。

保育士は、仕事を年度単位で考えています。３月まであと3カ月ほどになると、転職するにしても3月までは今の保育園で働き、４月から別の保育園で働きたいと考えます。これは、年度の途中で辞めてしまうと担当の子どもたちに迷惑をかけると考えているからです。

保育園側にしてみると2月下旬に「3月末で退職します」と言われても困りますので、多くの保育園では年内に調査を行います。そこで保育士が不足しそうなら求人を出します。そのために12月くらいにピークを迎えるのです。転職希望の保育士にとっても選択肢が増えるわけですから、その時期に検索している方はとても多いのです。

保育園には1回しか使えない魔法の募集ワードが存在します。それは「○月新規開園！　オープニングスタッフ募集！　一緒に新しい保育園をつくりましょう！」です。ほとんどの保育士は、人間関係の悩みや、希望しても正社員にしてくれないなどの理由で転職を考えますので、しがらみのない職場はとても魅力的に映ります。

商売では相手のことをよく知ることがポイントです。保育士の求人もそれと同じです。保育士がなにを不満に思っているのかを前もって知っておくことが重要です。

まず、働きやすさの要因としては臨床心理学者であるフレデリック・ハーズバーグが提唱する「ハーズバーグの二要因理論」があります。転職希望者は、苦痛を避けようとする動物的欲求をベースとした要因（衛生要因）が退職の動機になっていますので、次に衛生要因の項目を挙げます。

1　法人の政策・方針・理念
2　管理・マネジメント体制・業務内容

３　トップや上司との相性・関係性
４　職場環境・利便性
５　給与・休暇
６　同僚との関係
７　部下との関係

さらに、２０１４年に東京都福祉保健局が公表した保育士実態調査報告書より保育士における現在の職場の改善希望点の上位５つの結果を挙げます。

１　給与・賞与等の改善（59・０％）
２　職員数の増員（40・４％）
３　事務・雑務の軽減（34・９％）
４　未消化（有給等）休暇の改善（31・５％）
５　勤務シフトの改善（27・４％）

これらの情報を加味して、自社の方針を伝えます。ポイントは、前職を辞めた理由を先に聞かないことです。心理学に「バーナム効果」というものがあります。誰にでも当てはまりそうなことを言われた人が、自分にズバリ当てはまっていると思い込み、それが好意や信頼に発展する現象のことです。ちょっと胡散臭い占い師のような気もしますが、例えば応募者から、休みが取れないことに不満を述べられてから「ウチは大丈夫ですよ」というよりも先に、「ウチは保育士がきちんと休める体制を採っています」というほうが効果的なのです。

既存の保育園や幼稚園で休みが取れないことが退職理由の人なら「それ、まさにウチの園のことです（笑）」と和やかな雰囲気になります。

ただし、口からデマカセの調子乗り発言は絶対にダメです。むしろ、ダメなものはダメということはきちんと伝えるべきだと思います。

私たちの保育園には毎年１００人以上の保育士の応募がありますが、面接で辞退される方もたくさんいます。それは、不満要因と分かっていても運営上で譲ることができないデメリットをきちんと伝えるからです。

また、後述しますが、雇用契約書の説明は丁寧にしましょう。雇用契約書をちゃんと作成しないというのは論外です。保育所などの福祉施設の法令違反で最も多いのが「職員の水増し」です。そのため、基準を満たした保育者がちゃんと在籍しているかどうかは厳しく見られます。

そこで必要となるものが、雇用契約書、辞令、タイムカード、賃金台帳です。正直、中小企業では辞令がないところも多いでしょうが、処遇改善加算の実績報告などで必要となる場合がありますので、準備しておきましょう。

オープンの2カ月前までには、内装をしなければなりません。最終的なオープン許可が出るのは、内装がすべて終わり自治体の職員が現場を確認してからです。設計図どおりの間取りか、設備が準備されているかなどがチェックされます。

ですから、6カ月前の事前協議の段階で許可が下りそうだと判断したら、設計を同時進行で進める必要があります。そして、4カ月前くらいまでに設計が完了していなければ間に合いません。

このときトラブルになりやすいのが保育室の面積です。設計図に示されている部屋の面積は壁の中心から測ったものです。しかし、実際の保育室では有効面積で計測します。壁芯で測った場合には壁の半分の厚さまでが含まれてしまうので、有効面積が足りないことが起こり得ます。

保育所の建物が一般の建物と違う点にはコンセントもあります。一般の住宅についているようなコンセントではなく、必ずカバー付きのものを設置します。

子どものいる家庭向けにコンセントに差し込んでカバーをするものが販売されていますが、「子どもがカバーを外して鉛筆を差し込んだら感電する」と指摘されます。実際にそのようなことが起こるとは思えませんが、そこまで徹底的にチェックをされるのです。

壁紙にも注意が必要です。保育所に使用する壁紙にはすべて防炎マークがついていなければなりません。ロールスクリーンやカーテンを設置する場合も同様です。

経費を安く抑えるためにホームセンターなどで自ら購入して設置をしようとするケースがありますが、それは認められません。保育所内に使う布製の製品にはすべて「防炎マーク」が必要なのです。また、扉の鍵は子どもの手の届かないところにつけます。

このように特殊な事情が多いので、やはり保育所を建築したことがある業者に依頼しないと、思わぬところで許可が下りないということが生じてしまいます。自治体の確認の際に工事のやり直しを指示されると、実際に修繕をして再度確認をするまでは許可が下りません。予算も時間も余計にかかりますので注意が必要です。

未満児の給食は「自園調理」が基本です。連携施設からの搬入も認められていますが、これは院内保育園など、同じ建物内にある調理設備を想定していると思われますので、給食業者を連携施設にして、給食業者に搬入してもらうということはできません。

したがって、給食を調理するための設備が必要です。設備のポイントは職員にも提供するかどうかです。私たちの保育園では、休憩が自由なので、元々、給食の要望が少なく、提供を取りやめました。給食は1回の提供数が一定数を超えると保健所で営業許可を取得する必要があります。

12人定員で子どもの分だけであれば、営業許可は必要ありませんが、職員の分が入ると、取得の必要が出る可能性があります。

営業許可を取得するには、それなりの設備が求められます。私たちの保育園では、通常、家庭用キッチンと大差ないものです。つまり、保健所の許可が下りるほどには対応していないのです。職員にも給食を提供する場合には、その点も考慮しておく必要があります。保健所の許可を取得するには、2層タンクや調理員専用の手洗い場、場合によっては調理員専用のトイレなども必要になってきます。

小規模保育所の設備基準については、自治体ごとに異なります。それは、標準よりも緩和されるというよりも、その自治体独自の基準が追加されることが一般的であり、都市部のほうが基準が厳しい場合が多いので注意してください。

【オープン１カ月前】

▼ステップ６　認可が下りる。開園準備（ＰＲは自治体が手伝ってくれる）

オープン１カ月ほど前には、正式な許可が下りますので、本格的な準備を進めることになります。ただ、それ以前からある程度の準備を進めておかなければ、オープンに間に合いません。

建物の内装と同時に子どもの募集も始めなければなりません。認可保育所の場合はほぼ間違いなく自治体の広報などに募集の告知を掲載してもらうことができます。例えば、私の会社が保育所を運営している岐阜県の富加町のサイトでは、次のような告知をしてくれました。

〈小規模保育所　りんご保育園のご案内〉

４月より子育て支援拠点施設すくすく内にて富加町認可の民間事業所による小規模保育事業が始まります。

○３歳未満児専門の小規模保育所です。

定員は０歳児６人、１歳児６人となります。

○詳しくは、ホームページをご覧ください。

りんご保育園とみかチラシ

とみか入園のしおり

りんご保育園ホームページ

○お問い合わせ先

保育内容等については、りんご保育園まで

入園の手続き等については、富加町教育課子育て支援係まで

4月より子育て支援拠点施設すくすく内にて
富加町認可の民間事業者による小規模保育事業が始まります
りんご保育園でございまする
３歳未満児専門の小規模保育園です
対象：０歳児・１歳児
定員：１２名
２０２０年春
富加町加治田に
新規オープン！
りんご保育園は㈱FiveBoxesが
運営しております
※画像は姉妹園（今渡）のものです

現在（いま）を支え、未来（みらい）を育てる

私たちは「こどもくママ」をVISIONにしています。保育園は働く保護者のための施設です。子どもしか見ていないとついつい保護者の都合を後回しにしてしまいがちです。私たちは「忙しい親御さんを支える」という気持ちをもって保育園を運営しています。

保育士にとっても嬉しい保育園でありたい

りんご保育園は保護者の方だけではなく、保育スタッフにも選ばれる保育園の運営を目指しています。「人は人に大切にされ、認められることで、人を大切にし、認める人になる」と考えています。

運営に大切な6つのこと　Check!

- □ 1. 一人ひとりに愛情を注ぐ１２名定員
- □ 2. 情操観念を育む異年齢児保育
- □ 3. 充実した保育士の数
- □ 4. 姉妹園に看護師常駐の病児保育室
- □ 5. 季節感を大切にした管理栄養士の食育指導
- □ 6. 将来を考えた意味のある幼児教育

富加町認可小規模保育園

りんご保育園

場所：富加町加治田３５０
（子育て支援拠点施設すくすく内）
０５７４－５４－３０２５
（４月までは0574-63-3060）

地方であれば、地域の回覧板などに掲載してくれることもあります。さらに協力的な自治体では臨時で入園説明会などをしてくれることもあるでしょう。富加町でも入園説明会を2月に実施してくれました。

しかし広報などに掲載してもらうには時間がかかります。認可が下りてからの準備では間に合わないのです。オープンの1カ月ほど前から、自治体と相談しながら広報用の原稿を用意しておく必要があります。

準備の段階で注意しなければならないのは備品等の購入です。認可保育所はあくまでも、行政のスケジュールがベースになりますので、年度で切り替わります。自治体によっては補助金が出ることがありますが、4月にオープンする保育所の場合には4月以降に購入したものしか対象になりません。

現実的には4月にオープンするためには、3月までに購入しておかなければならないので、この点では矛盾が生じますが、行政の手続き上は認められません。それを避けるために保育所のオープンを3月にする方法もありますが、その時点で保育士が出勤していなければなりません。前述のように、在職中の保育士は、どんなに嫌な職場でも、子どもたちのために卒園するまで我慢して働いていますので、3月に転職してくれる可能性は低いでしょうし、仮にそういう方は、保育士としての責任感に疑問が残ります。

自治体側も3月のオープンはあまり好みません。1カ月分だけ前年度の予算として処理しなければならないからです。

補助金の対象となるものは4月に入ってから購入すればよいと思います。4月に入ってから購入といっても、4月に入ってから探すのではなく、取引のある事務機器業者がいるのであれば、早い段階から相談しておきましょう。これにより、4月1日発注、4月1日納品が可能になります。

とはいえ、実際には1日にすべてがそろっている必要はありません。なぜなら、開業は4月1日でも、開園は必ずしも4月1日とは限らないからです。多くの保育園がそうであるように「入園式」は1日ではありません。4月1日付けで正社員は出勤してきますが、保育園として営業しない日数があるのです。消耗品を含め、この時期に発注、納品しても開園までには十分に間に合います。

私たちの保育園では、消耗品はソロエルアリーナやAmazonを利用しています。ネット通販の利点は、購入品リストを事前に作成できることです。私たちの保育園では、通常の備品購入リストのほかに新規開園用のリストがあるので、いちいち探して購入する必要もありません。

保育用品で高額なものは散歩用の大型ベビーカートくらいです。6~8人乗りがよいと思います。幼稚園や保育園くらいしか用途がないので、発注から納品まで時間がかかる場合があります。

開業時の高額な備品はほとんどが電化製品です。そのなかでポイントになるのは、冷蔵庫と洗濯機です。

冷蔵庫は、家庭用で構いませんが、冷凍スペースが大きいのを選ぶのがいいでしょう。食中毒が発生したときに調査が入るので、保育所で提供した給食は、一定期間、冷凍保存しておかなければなりません。

本当に少しずつではありますが、提供する給食のすべてをパッキングして保存しておく必要があるので冷凍スペースが広めの冷蔵庫がいいのです。

洗濯機は、ドラム式ではなく縦型にしましょう。保育園では常に園児に目が届いているとはいえ、閉じこもり事故が起こらないとは限りません。

乾燥機は、食洗器のように大型ではなく食器乾燥機が必要です。これは保育所の食品管理マニュアルに、食器を消毒しなければならないと明記されているからです。いわゆる自然乾燥では認められません。小さなものでもいいのですが、乾燥機を利用して殺菌が必要です。

また、調味料も使う分量をしっかり計測することが必要です。家庭料理では目分量で調味料を使っているかもしれませんが、保育所ではすべてをスケールで計って利用しなければなりません。そのために計量器も必要です。

検定証印

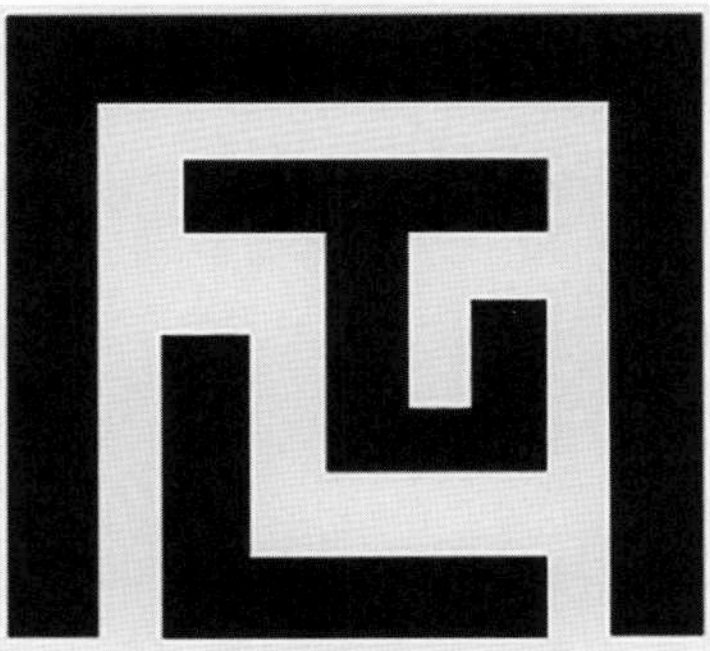

計量器と同じ感覚で間違えてしまうのが体重計です。私たちの保育園も普通の体重計を使用していたら監査で指摘されて再度購入しました。幼稚園、保育園、学校などで行う身体測定の記録は「証明」のあるはかりを使用しなければいけません。「証明」とは、公に、または業務上他人に一定の事実が真実である旨を表明することをいいます。

したがって、ホームセンターで販売してい

る「家庭用計量器マーク」がついた体重計を使用することはできません。「検定証印」の付いているものを購入してください。

身長計も必要です。最近は非接触でレーザー計測できるものがありますが、未満児保育で預かる子どもには、まだ自分で立てない子どももいます。その子どものためには寝た状態で計測できるものを用意しなければなりません。つまり、身長計は2種類必要なのです。

体温計も2種類必要です。新型コロナウイルス感染症の影響により非接触型電子体温計をよく見かけますが、現場の職員の信頼度が低いので、従来の接触型の体温計も準備しておきます。

そのほかの備品については、基準に基づいて園長候補になる方と相談しながら決めてください。ただし、その園長候補の方の考えに偏らないように注意しましょう。私たちの保育園でも、初めての保育園の園長がミシンが欲しいというのでミシンを購入しましたが、ほとんど使用されることもなく倉庫で眠っています。一方で、電子ピアノは不要とのことで購入しませんでしたが、現在はすべての園にあります。

▼ステップ７　オープン。最初は半日保育で体制を整えていく

オープン当初は、半日の慣らし保育で体制を整えていくのがよいでしょう。４月にオープンする場合、多くの保育士は３月まで前職の保育園で勤めています。ですから、すべての保育士が顔を合わせて仕事を始めるのが４月１日からです。もちろん３月までの間に、一度ぐらいは顔合わせをしたほうがよいのですが、実際に働くのとはまた違います。

ただ、保育所は働く保護者のためにありますので、保護者の都合によってはどうしても１日預からなければならないこともあります。「どうしても」という場合を除いて半日の慣らし保育で体制を整えていくのがよいでしょう。

午後の時間は、残りの備品の購入や職員に差し入れを持っていくとよいでしょう。すばらしい保育園になるかどうかは保育士にかかっています。保育士がみんな仲良く、「この保育園はいいね」と言って働いてくれなければいけません。

私は保育園の経営者に必要なのは、例えが妥当ではないことを自覚しつつ申し上げ

ると、接客を伴う飲食店のオーナーのような配慮だと考えます。

保育園の業務は、ほとんど保育士に任せることができますので、具体的な指示を経営者が出す必要はありません。

その代わりに保育士にどれだけ気を配れるかにかかっているのです。保育士になにか用事があった場合でも、会社に呼びつけるようなことがあってはいけません。必ず自分が出向いて話をするのです。

12名の定員でスタートしたとしても、当初は定員いっぱいにはなりません。しかし当初から定員に合わせて、人員配置をしています。ですからしばらくは、仕事に余裕があります。

仮に2歳の子どもが6人だったとすれば、保育者は加配を含めて2人いればよいことになります。しかし、ここで人員を減らすのはよくありません。子どもが少なくても当初決めたシフトで仕事に入ってもらいます。

午前保育期間中は、午後シフトのパートは保育がありませんが、それでも出勤してもらい、保育園の飾り付けや備品の整理をしてもらうのです。

当初は子どもの人数は少ないものの、保育士の仕事は楽ではありません。新たに入園する子どもは3月まで母親と一緒に過ごしていたにもかかわらず、母親と引き離されて保育所で過ごさなければならないのです。

早くその環境に慣れる子どももいますが、まったく慣れずに1日中泣き続ける子どももいます。1人が泣き始めるとそれが周りに伝わります。どんなにベテランの保育士でも子どもがずっと泣き続けていれば精神的に疲れます。

2、3週間はこのような状態が続きます。ですから余裕のある人員配置でちょうどよいくらいなのです。しっかり人員を配置して会社としてもサポートしている姿勢を見せないから2カ月程度で保育士が一斉に辞めてしまうことがあり得るのです。

この時期を上手く乗り切ることができれば、あとは保育士に運営を任せて経営者は自分の仕事に専念することができます。私自身も現場の保育士と話をするのは1週間のうち実質的に1時間半程度です。

ここまで小規模保育園の開園申請からオープンまでを紹介してきましたが、認可の手続きの部分は自治体によって異なります。実際の手続きはどのようになるか、神奈川県横浜市の例を紹介しておきましょう。

《神奈川県横浜市の認可手続き例》

横浜市では、小規模保育事業の認可基準について、就学前児童数の推移や待機児童数、保育所等の整備状況やほかの整備計画の有無、補助金による整備か否かなどを考慮し、保育需要、事業計画、組織体制、運営状況などを総合的に審査して判断するとしています。

小規模保育事業を行うことができる事業主体は、A型・B型は社会福祉法人のほか学校法人、株式会社、有限会社、NPO等の法人格のある者で、C型は個人でも可能です。

また、事業者の募集については、横浜市のホームページに掲載され、原則、次年度の4月1日に開園することが求められています。

小規模保育事業を始めるには、次の3つのタイプがあります。

(1)自主財源による整備

横浜市からの整備費補助を受けずに、事業者が自己資金で小規模保育事業を整備するものです。

⑵建設費の補助を受けて建物を建設することによる整備

事業者が確保した用地において、横浜市からの建設費補助を受けて、小規模保育事業を整備するもので、対象は社会福祉法人、学校法人、公益社団法人及び公益財団法人に限ります。

⑶改修費の補助を受けて内装を改修することによる整備

事業者が確保した既存建物において、横浜市からの内装整備費補助を受けて小規模保育事業を整備するもので、すべての事業者が対象となっていますので、企業も利用可能です。

定員は、小規模保育事業の定員のとおりでA型・B型は6～19人、C型は6～10人です。また、定員の年齢別の内訳では、全年齢の持ち上がりが可能な定員設定であることが求められており、最終的には横浜市との協議で決めることになっています。

①設備の基準

事業所の設備については、次のような基準が設けられています。

小規模保育事業の設備には、乳児室又はほふく室、保育室又は遊戯室、屋外遊戯場、調理設備、便所及び手洗用設備が必要です。可能な限り医務室の設置が求められています。

②保育室等

乳児室又はほふく室は、0、1歳児1人につき3・3㎡以上、保育室又は遊戯室は、2歳児1人につき1・98㎡以上の面積が必要です。これらの面積は、有効面積であることが必要です。壁の内側の面積であることに加え、造り付け・固定造作物を除いた面積でなければいけません。

〈面積から除く造り付け・固定造作物〉

(1)押入れ、ロッカー、収納スペース、子ども用荷物収納棚

(2)吊り押入れ、吊り戸棚(床上140㎝の空間を確保したものは除く)

(3)手洗い器

(4)ピアノ

なお、面積の算出方法(内法・有効面積)は、保育室のみに適用されます。採光面積の基礎となる床面積は、建築基準法上の基準であるため、同法の規定する床面積

（壁芯）です。

③屋外遊戯場（園庭）

満２歳以上の幼児１人につき３・３㎡以上の専用の屋外遊戯場が必要です。ただし、屋外遊戯場を確保できない場合、近隣の公園等（児童の歩行速度で５分程度。概ね３００ｍ以内）で代用できます。

なお、ピロティーなど、屋根や天井があり建築面積に含まれる場所は、屋外遊戯場としては認められません。近隣の公園とは、都市公園法上の公園を指します。

④調理設備

定員に見合う設備及び面積があり、保育室等と区画（腰高程度でも可）が必要です。衛生管理の点から、調理室の入り口に前室を設け、手洗い設備を設置することが望ましいとされています。

なお、調理設備については、衛生面、作業動線を考慮した設備とするため、設計の段階でその園の所在地を所管する「区福祉保健センター生活衛生課」に相談することになっています。

給食を連携施設等から搬入する場合は、加熱、保存等の調理機能を有する設備が必要です。

⑤便所

定員に見合う設備及び面積があることが必要です。児童10人に対し、児童用大便器を一つ設けます。やむを得ず児童用大便器を設置することができない場合は、大人用便器に補助便座を設置することも可能です。また、調理職員専用のものや汚物処理設備の設置が望ましいとされています。

⑥手洗用設備

児童用と職員用をそれぞれ保育室内に設ける必要があります。また、調理室に調理職員専用の手洗用設備を設けることが望ましいとされています。

⑦保育室等を2階以上に設ける場合の要件

保育室等を2階以上に設ける場合には、基準条例に基づいて必要な設備を備える必要があります。

また、保育室を2階に設ける場合、3階に設ける場合、4階以上に設ける場合で、必要な設備には違いがあります。児童の安全性等防災上の観点から、保育室は低層階に設けることが原則となっています。

保育室等を２階以上に設ける場合の要件

基準条例第29条第9号

2F	3F以上		基準内容
○	○	ア	耐火建築物もしくは、準耐火建築物であること。(建築基準法第2条第9号の3に規定する準耐火建築物は不可です。)
○	○	イ	2つ以上の階段が設けられていること。
ー	○	ウ	保育室から階段までの距離が30m以下であること。
ー	○	エ	調理設備が防火区画されていること。(もしくは、スプリンクラーまたは、自動消火装置等が設けられていること。)
ー	○	オ	天井、壁の仕上げを不燃材料ですること。
○	○	カ	乳幼児の転落防止措置
ー	○	キ	非常警報、火災通報設備
ー	○	ク	カーテン、敷物等の防災処理

出典：横浜市こども青少年局こども施設整備課「小規模保育事業整備の手引き」(平成30年1月版)

基準条例第29条第9号イ

保育室等設置階	根拠規定	2階		3階		4階以上	
		常用	避難用	常用	避難用	常用	避難用
屋内階段		○	×	×	×	×	×
避難階段	建築基準法施行令 第123条第1項	○	○※	○	○※	○	○※
特別避難階段	建築基準法施行令 第123条第3項	○	○	○	○	○	○
屋外階段		○	○	○	○	×	×
屋外避難階段	建築基準法施行令 第123条第2項	○	○	○	○	○	○
傾斜路 (準耐火構造)	建築基準法 第2条第7号の2	×	○	×	×	×	×
傾斜路 (耐火構造)	建築基準法 第2条第7号	×	○	×	○	×	○
待避上有効なバルコニー	厚労省通知 平成26年9月5日 雇児発0905第5号	×	○	×	×	×	×

※ 事業所設置階までで可。屋内と階段室とは、バルコニー又は付室(4階以上の場合は、階段室が同条第3項第2号に規定する構造を有する場合を除き、同号に規定する構造を有するものに限る。)を通じて連絡することとし、かつ、建築基準法施行令第123条第3項第3号、第4号及び第10号を満たすこと。(←特別避難階段を一部準用)

出典:横浜市こども青少年局こども施設整備課「小規模保育事業整備の手引き」

⑧その他の設備等

１３０ページの表を参照してください。

小規模保育事業では、利用児童に対して適正かつ確実な保育を行い、利用児童が卒園後も継続的に保育・教育を受けられるように連携施設を確保しなければならないことになっています。近隣の認可保育所、幼稚園（横浜市私立幼稚園等預かり保育事業実施園）、認定こども園と覚書を結ぶ必要があります。連携施設は複数設定することも可能です。連携施設について、事業申請までに整備する区こども家庭支援課に相談することもできます。

①連携施設の役割

ア 保育内容の支援【必須】

集団保育を通じた児童同士の関係づくりの機会の設定、小規模保育事業に対する相談や助言、その他保育に関する支援等を行います。（認可時までに必ず締結する必要がある）

イ 代替保育の提供【任意】

職員が急病や休暇等により保育を提供することができない場合に代わりに保育を行います。（必要な保育従事者数を事業所で確保できていれば、締結不要）

ウ　卒園後の受け皿の設定【必須】

原則として開所日までに、利用児童（2歳児）の卒園後の進級先となる施設を確保しなければなりません。困難な場合は平成32年3月まで経過措置期間が設けられています。

②連携施設受諾促進加算

小規模保育事業の卒園後の受け皿の設定や保育の助言・相談、合同保育、行事参加、園庭開放等の保育内容の支援等の連携を促進するため、一定の条件を満たす場合に、連携施設に対して人件費や事務費等の一部に充当するための費用が助成されます。ただし、小規模保育事業に対して支払われる助成ではありません。

①建物建設による整備

保育所の整備経費の目安は次のようになっています。

・設計費　おおむね建築費の３～５％程度
・建設費　３９万１０００円／㎡※程度、内装に多くの木材を使用したり、円形の遊戯室を整備するなど特注のものが必要となる設計、デザインにすると建設コストが上昇します。
※平成26～28年度の保育所の整備実績から算出
・工事監理費　工事費の約２～３％程度です。
・備品　テーブルやイス、調理器具、コピー機、パソコンなどです。
※前記の経費は、平成26年から28年度までの認可保育所の建設費等補助事業における整備実績から算出。
※補助の対象事業として整備する場合は、独立行政法人福祉医療機構との協議により資金の借入ができる場合があります。

②改修による整備
・設計費　概ね改修工事費の３～５％
・建物の改修費　規模や改修内容により異なりますが、横浜市の補助制度を用いた過去の事例からすると、定員19人の規模の場合、２２００万円程度。

・賃貸借物件の場合は、他の契約保証金、賃借料等が必要。

③社会福祉法人、学校法人以外の者による整備

建設、改修による整備にかかわらず、社会福祉法人及び学校法人以外の者が小規模保育事業の認可を受けるには次の費用も必要。

□横浜市家庭的保育事業等認可・確認要綱　第12条

年間事業費の6分の1に相当する資金を、普通預金、当座預金等により有していること。

また、保育所の整備にあたって、次のような留意事項があります。

①建物の要件

ア　新耐震基準（昭和56年6月施行）を満たす建物であること。

イ　建築基準法に基づく建築確認済証及び検査済証の交付を受けている建物であること。

②近隣説明・近隣への配慮

事業所の整備及び運営を円滑に進めるためには、周辺住民の理解と協力が必要になりますので、周辺住民等に対する事業説明会を開催する等、住民の理解と同意を得るよう努める必要がある。また、説明状況について、横浜市に報告する。事業所の設計・工事施工にあたっても、周辺の交通状況・騒音・振動等に留意するなど、近隣・地域への配慮が必要。

③採光及び換気のための開口部の確保

乳児室・保育室などは、部屋ごとに、床面積（壁芯）の５分の１以上の採光要件（十分な採光が可能な窓の設置）を満たす必要がある。

④周辺環境

整備計画地の周辺に、「風俗営業等の規制及び業務の適正化等に関する法律第２条」にあたる営業所が所在している場合、児童の保育環境として大きな課題があると考えられ、申請を受理できないこともありますので、あらかじめ十分な確認が必要。

実際に小規模保育事業を行う際、国の基準と自治体の基準が異なるケースがあり、その場合には自治体の基準に合わせなければなりません。横浜市の場合では、設置基準や保育従事者の配置基準に違いがあります。また、給食の外部搬入に関しても、連携施設や同一法人が運営する社会福祉施設等の調理場から搬入することは可能である一方、仕出し弁当などは認められません。外部搬入を行う場合は、小規模保育事業側で、加熱、保存等の調理機能を有する設備を備えなければなりません。

さらに横浜市では、地球温暖化の防止、循環型社会の形成、水源のかん養等のため、平成26年4月に「横浜市の公共建築物における木材の利用の促進に関する方針」を定めており、木材の積極的な活用を図っています。小規模保育事業の整備にあたっては、建物の木造化や、天井、壁、床などの内装に木材を活用する〝木質化〟に積極的に取り組むことが望まれています。

次に入所者の募集などについて見ていきましょう。

①小規模保育事業への入所

入所を希望する保護者は、横浜市に対し支給認定・利用申請の手続きを行います。申請者の希望や園の状況などに応じた、横浜市による利用調整を経たうえで、園と保護者の間で利用契約を結ぶことになります。

②保育内容

小規模保育事業における保育は、乳幼児の最善の利益を考慮し、その福祉を積極的に増進することに最もふさわしいものでなければなりません。「保育所保育指針」に示されている趣旨を踏まえて、目の前の子どもの育ちゆく姿を見通し、０歳から２歳までの発達過程や発達の連続性を考慮し、各事業所の理念や保育方針、地域性などを反映させながら、保育の内容をつくり出していくことが望まれています。

また、「基準条例」に規定されるとおり、最低基準を超えて、常に、その設備及び運営を向上させなければなりません。以下の事項に留意する必要があるとされています。

(1)事業所の運営にあたっては「保育所保育指針」に沿った運営が必要であること。

(2)本市が策定した保育施策について、積極的な取り組みに努めること。

(3)地域における子育て支援のため、その社会的な役割を認識し、区役所等関係機関と連携し、行動すること。

(4)できる限り、福祉サービス第三者評価を受審し、その結果を公表するよう努めること。

(5)苦情を受け付けるための窓口を設置する等、保護者等からの苦情に迅速かつ適切に対応するための措置を講ずること。

(6)個人情報については、個人情報の保護に関する法律（平成15年5月30日法律第57号）その他の関係法令に準じ、適切に取り扱うこと。

③保育責任者

小規模保育事業においては、保育に従事する職員のなかから保育責任者を1人選任するものとされています。保育責任者の要件としては、保育所並びに保育所以外の児童福祉施設、認定こども園、幼稚園、家庭的保育事業及び横浜市認定保育所において2年以上勤務した経験を有する者であるか、若しくはこれと同等以上の能力を有すると認められる者とされています。

また、新たに認可を受けた小規模保育事業については、原則として運営開始後3年間は保育責任者を変更しないよう求められています。

なお、補助金交付等の要件として、別途条件が付く場合があります。

※小規模保育事業は、19人以下の少人数による保育であり、従事する職員も認可保

育所と比べると少人数であるため、横浜市では、基本的には保育責任者が園の責任者（いわゆる施設長）と現場の責任者（いわゆる主任）の役割を兼ねることができると考えています。ただし、保育責任者とは別に園の責任者（管理者という）を設けることもできます。その場合は、役割分担を明確にしたうえで、申請時に相談することとなっています。

〈保育責任者として望ましい条件〉

・０～２歳児の保育経験が豊富であること
・保育所・小規模保育事業で施設長・保育責任者の経験があること
・同一法人が運営する保育所・小規模保育事業で長期間、常勤としての勤務経験があること
・事業申請時、若しくは直近まで保育所・小規模保育事業に保育士として勤務していること

④職員配置

小規模保育事業A型には保育士、B型には保育士その他保育従事者、C型には家庭的保育者、A・B・C型共通して嘱託医※1及び調理員※2が必要とされています。保育士については児童の年齢毎に配置基準が定められています。なお、横浜市では運営費の加算により、配置基準を上乗せしています。

⑤保育時間

⑴開所日

日曜日、国民の祝日及び年末年始を除いた日が開所日となります。お盆休みや開園記念日等、園独自の休日は設定できません。

⑵保育時間

開所日の曜日にかかわらず、保育短時間（8時間）認定の子どもが最大で利用可能な時間帯としての『保育時間（8時間）』と、保育標準時間（11時間）認定の子どもの最大で利用可能な時間帯としての『保育時間（11時間）』を確保するため、11時間

児童:保育従事者の配置基準

<table>
<tr><th>年齢</th><th>A・B型(※3)</th><th>C型(※4)</th></tr>
<tr><td>0歳児</td><td>3：1</td><td rowspan="3">3：1</td></tr>
<tr><td>1歳児</td><td rowspan="2">6：1</td></tr>
<tr><td>2歳児</td></tr>
</table>

※1 嘱託医の選定については、横浜市医師会にお問い合わせください。
※2 給食を連携施設等から搬入する場合は、不要です。
※3 上記に加え保育士(A型)・保育従事者(B型)を1人追加。
※4 家庭保育補助者を置く場合は5：2、複数体制で保育をすること。

出典:横浜市こども青少年局こども施設整備課「小規模保育事業整備の手引き」

保育時間

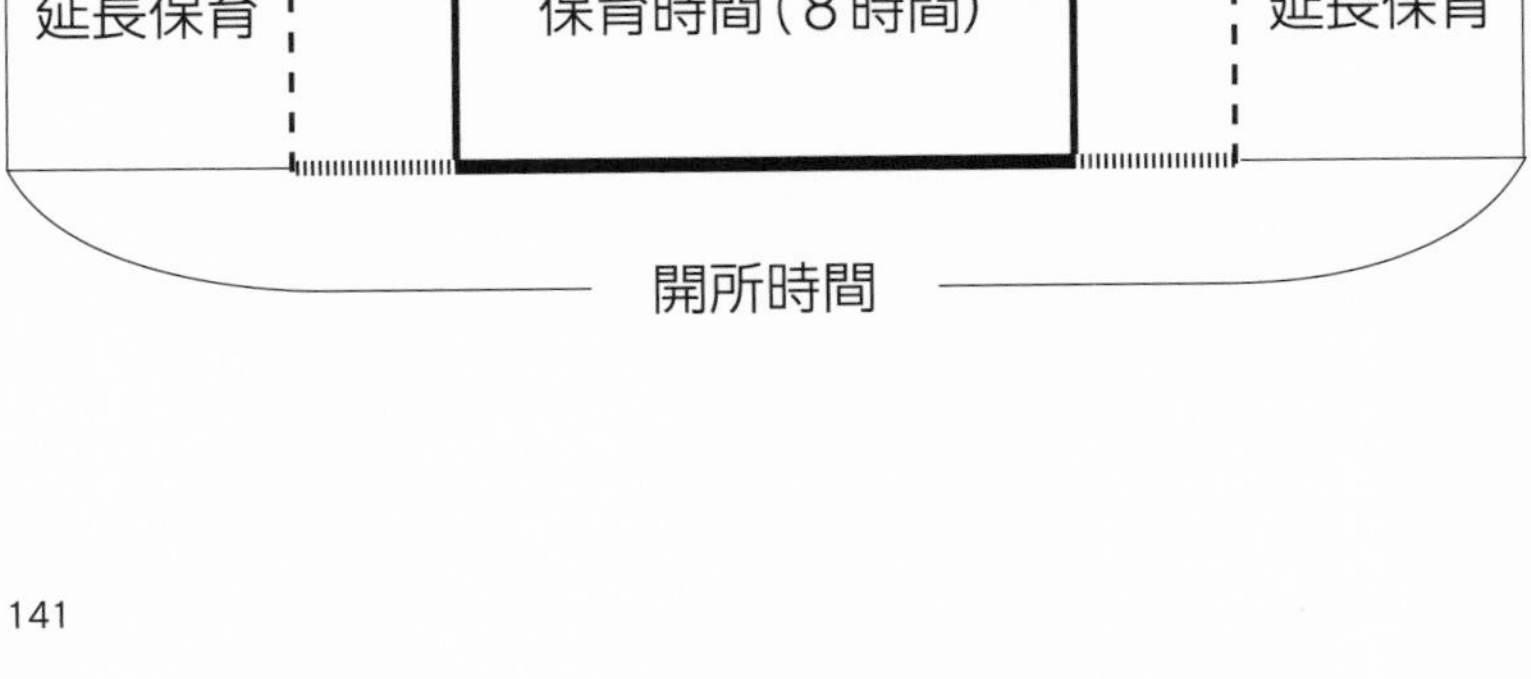

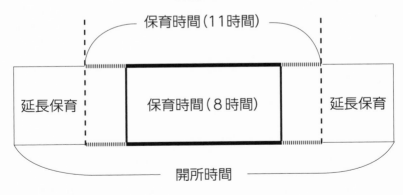

小規模保育事業への助成

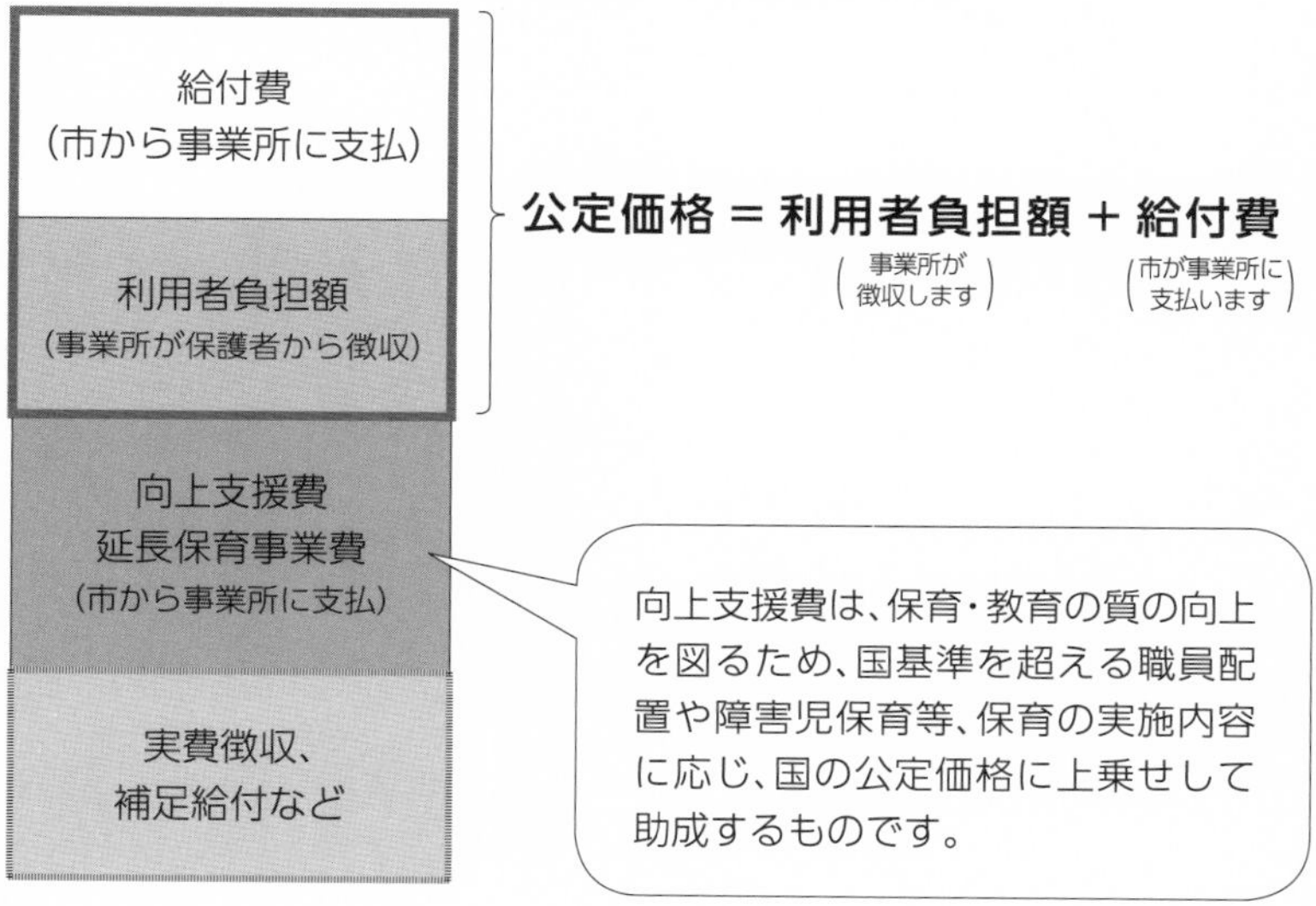
給付費
（市から事業所に支払）
利用者負担額
（事業所が保護者から徴収）
向上支援費
延長保育事業費
（市から事業所に支払）
実費徴収、
補足給付など
公定価格 ＝ 利用者負担額 ＋ 給付費
（事業所が徴収します）
（市が事業所に支払います）
向上支援費は、保育・教育の質の向上を図るため、国基準を超える職員配置や障害児保育等、保育の実施内容に応じ、国の公定価格に上乗せして助成するものです。

年間公定価格の目安額（2017年度基準による概算）

定員		年間給付費
A型	12人	38,744,640円
	19人	49,424,080円
B型	12人	36,648,000円
	19人	46,626,520円

【上記の試算条件】

定員		0歳	1歳	2歳
A型・B型共通	12人	3人	4人	5人
	19人	3人	8人	8人

以上の開所時間を設定しなければなりません。また、保育時間（11時間）を超える時間帯を『延長保育』とし、地域のニーズに応じて実施することが求められています。

⑥運営費の助成

月々の運営費の助成として、横浜市には公定価格や向上支援費があります。

(1)公定価格

ア公定価格とは、子どもに対する教育・保育を行う場合に、子ども１人あたりに平均的にかかるコストを国が定めたもの（月額）です。公定価格は、事業所が保護者から徴収する「利用者負担額」と、横浜市から事業所に支払われる「給付費」で成り立っています。

イ利用者負担額は、保護者の市民税・所得割額をもとに横浜市が階層区分を認定し、その階層区分に応じた金額（応能負担）となります。公定価格から、横浜市が決定した利用者負担額を差し引いた金額が「給付費」となります。

(2)向上支援費等

公定価格に加えて、横浜市の独自助成「向上支援費」や、事業所の自主事業として実施する際に助成される「延長保育事業費」があります。

(3)その他

横浜市の示すガイドラインに基づく延長保育料、実費徴収（延長保育サービスの実施に伴う夕食代・おやつ代等）以外の費用負担を保護者に求めてはいけません。

⑦小規模保育事業の給食

給食業務については、基準条例（第15条、第16条）に基づき、実施する必要があります。

(1)給食調理業務を外部委託する場合

・委託を受ける業者のほうは食品衛生法の営業許可が必要となります。

・調理設備は、定められた設備基準に適合した内容で整備する必要があります。

(2)各種届出

次の図の届け出が必要です。

各種届出

提出書類	提出者	提出先
給食開始届出書	設置者	その園の所在地を所管する「区福祉保健センター生活衛生課」
営業許可申請書(外部委託の場合のみ)	委託業者	

※ 申請又は届出方法に関することや、予定する給食調理業務が食品衛生法の営業許可に該当するかどうかが不明の場合は、その園の所在地を所管する「区福祉保健センター生活衛生課」に御相談ください。
※ 開園時に「直営」の届出をして、その後に外部委託に変更する場合は、その時点で食品衛生法の営業許可が必要となりますので、変更前にその園の所在地を所管する「区福祉保健センター生活衛生課」に御相談ください。

出典：横浜市こども青少年局こども施設整備課「小規模保育事業整備の手引き」

第4章　小規模保育所の運営・キャッシュフロー

小規模保育所の収支——少しの工夫で土曜閉所減算を回避

私の会社が運営している実際の保育所の2020（令和2）年度の例を紹介していきます。

私たちは小規模保育事業A型で定員は0歳児3人、1歳児4人、2歳児5人合計12人です。

保育従事者は、私たちの保育園の標準として、保育士資格を持つ管理者（園長）のほか、正社員保育士3名、パート保育士5名、パート調理員2名です。このほか、体調不良児保育を実施する場合は看護師1名を加えています。12人の子どもに対して12人の職員です。これで「職員が足りない」とは言われません。

1日の配置として、管理者1名、正社員保育士3名、午前勤務のパート保育士2名、午後勤務のパート保育士1名、パート調理員1名です。午前勤務のパートが多い理由は、午前中はなにかと忙しいことと、正社員の休憩中の代替要員です。

ちなみに私たちの保育園には「フルパート」という勤務体系はありません。そもそも、パートは「パートタイマー」の略称ですが、その名のとおり「一部の時間帯のみ」で働く人という意味であり、フルパートという呼称自体が矛盾しています。

保育士のなかにはフルパートを希望される方も少なくありません。そこに「正社員は責任が伴うから嫌だ」という意味が含まれているようです。私たちの保育園では、面接時に「子どもの前では、正社員もパートも関係ない。１人の保育士です」「パートはシフトに融通が利くと思われているから、シフトに融通が利かない正社員は休めない環境なのです。ウチは、パートも正社員も『欠勤届』を出して休めばいいと思っています」と伝え、気楽だからという理由でパートを選ぶ方には遠慮していただいています。

そのため、私たちの認可保育所においては、現時点でのパートの退職は、妊娠が理由の方は１人だけです。この方は勤務９日目で妊娠発覚だったので退職になりましたが、この２年間で妊娠したほかの５人のパートは、全員、休職後に復帰か、復帰予定です。

保育所の収入となる売上高は、自治体から受け取る運営費と保護者から受け取る保育料の合計となります。この金額は地域、保育時間認定区分によって異なりますが、岐阜県美濃加茂市で標準時間認定区分の場合、０歳児が月25万８４８０円、１、２歳児は19万３０円です。

これに処遇改善加算、賃借料加算、冷暖房費加算が加わり、０歳児が29万１９９０円、１、２歳児が21万６４７０円となります。

もし、12人満杯であれば、月商２８２万６６３０円です。実際は、すぐに満杯になるわけではありません。

一方で土曜は閉園しているため、本来であれば土曜閉所減算15万８５７１円が減額されますが、少し工夫することで土曜閉所減算を回避する方法もあります。連携施設があれば、土曜閉所減算は受けないことになっているからです。連携施設とは、土曜日だけ受け入れてくれる別の保育所のことです。

私たちの保育園では、週７日開所をしている自社の保育園を連携施設としたり、公立保育園を連携施設としています。この方法であれば、ほかの保育所は閉園していても、土曜閉所減算を受けることはありません。土曜保育を利用したい保護者がいる場合には、土曜日に開園している保育所を利用してもらいます。

確実に土曜保育の需要があるのであれば、土曜日も開園するのもいいかもしれませんが、特に未満児保育の場合はほとんどニーズがないのが実態です。平日は保育所で寂しい思いをさせているから、せめて土日は一緒に過ごそうと考える保護者が多いのではないでしょうか。

小規模保育所の支出

支出面はどうでしょうか。最も大きいのが人件費です。給与は個人によって変わりますから、あくまでも計画上の数値で紹介すると、園長の給与は月35万７０００円です。正社員保育士が１名あたり月26万５０００円ですから３名で79万５０００円、パート保育士が５名分で32万７６００円、パート調理員が２名分で10万５８４０円ですから、人件費は合計で月１５８万５４４０円となります。

人件費以外で金額が大きいのは施設賃貸料の月20万円です。これは主に、物件の賃貸料ですが駐車場も含みます。地方で保育所を運営する場合は、保護者が子どもを送り迎えする際に自動車を使うケースが多いので、7〜8台分の駐車場を用意する必要があります。

嘱託医療費は小児科と歯科医の費用です。年間で16万2000円かかっています。半期に1度程度、健康診断として内科健診と歯科検診をしてもらっています。

保育材料費は、子どもがお絵描きをするための絵の具や紙などの費用で、一般的には1人=月2000円から3000円をかけています。定員12名であれば、2万円です。特に未満児の場合は、おもちゃが多いので、おもちゃが破損したら新しいおもちゃを買う場合もこの費用から支出します。

通常は、開園の際にまとめておもちゃを買いますので、しばらくは追加の費用はかかりません。また、絵本や紙芝居は地元の図書館で借りることもあります。未満児の場合には自分で絵本は読めませんから、保育士が読み聞かせをすることになります。その場合には図書館で借りれば十分なのです。定番のタイトルは20〜30冊を購入しますが、それ以外は図書館から借りることで賄えます。

保健衛生費は3500円を計上しています。未満児の場合は、給食のあとなどに嘔吐する子どもが少なくありません。その場合、保育所としてはノロウイルスの危険を考える必要があります。ですから、単に嘔吐物を拭いて処理するだけでなく、専用の嘔吐物処理剤などを使い、処理します。処理をする人も防護服を身に着けて作業をします。それらの費用が保健衛生費となります。

給食材料費は1人＝月8000円程度かかります。スタート時は10名ですから8万円が計上されています。このなかにはおやつ代も入っています。

認可保育所では給食業者と契約しているところが多いかもしれませんが、給食数が最大でも大人で6人分なのが小規模保育所なので、業者と契約するほどの仕事量も予算もありません。そのため、多くの小規模保育園では、職員がおやつの買い出しに行きますが、私は、これを時間の無駄と考えています。

私たちの保育園では、おやつなどは「Amazonパントリー」を利用しています。Amazonで普通に買うと送料無料の場合は、どうしても業務用だったり、数が多かったりします。

その点、「Amazonパントリー」では、一定の箱代（送料）がかかる代わりに小ロットで商品が購入できます。商品を購入すると、その商品が箱の何％を占めるかが表示されます。それを計算しながら、100％に近くなるように商品を選ぶと箱代が無駄になりません。必要な調味料やおやつはすべて「Amazonパントリー」で購入できるようにしています。

文具などの消耗品も購入しなければなりませんが、私たちの保育園では、発注する人の感覚で注文しないようにしています。保育園では在庫ボックスに消耗品をストックしていますが、そこに入れる規定数を決めています。

例えば、消しゴムなら何個、ボールペンなら何本と、すべて数を決めておくのです。そして、1カ月に1回、在庫をチェックします。棚卸しをするわけです。そのとき、規定数を下回っていたら、「ソロエルアリーナ」で発注をします。

仮に消しゴムの標準在庫を5個に決めていた場合で、棚卸で3個になっていたら発注をします。不足した2個を買うのではなく、10個入りを1セット発注するようなイメージです。とにかく「規定数を下回った場合は1セット発注」などと決めておきます。このルールで補充しておけば、次の棚卸までは在庫がゼロになることはない前提で規定数を決めていますので、悩まずに必要なものを発注できます。

このような作業は月に1回すればいい状態にしておけば、煩わしい業務から解放されます。それで時間に余裕ができた分は、本来の仕事である子どものお世話に専念してもらうのです。

私たちの保育園では、一応、小口現金もありますが、ほとんどの備品やおやつはネット通販で購入します。

経営者のなかには、ネットで注文するより、近くのホームセンターで購入したほうが安いと考えている人が少なくありません。単価を比較すると、確かにそのとおりです。しかし、購入する人がホームセンターまで出向いて、買い物をして返ってくる間は、ほかの仕事ができません。つまり、買い物にも人件費がかかっているのです。

例えば、ネットより50円安いものを買いに行くために30分かかったら、人件費が５００円以上はかかっています。総合的に考えれば高くなっているのです。

こうした意識は、社員にも浸透させる必要があります。現場にとにかくネット通販を利用させるのが効率的です。そうすると買うものが決まってきますから、無駄な時間がどんどん省かれていきます。

また、購入するものを細かくチェックしていると効率が悪いですし、認識の違いからトラブルに発展することもあります。私の保育園ではそれを回避するため、園長には１回１万円までの決裁権を与え、欲しいと思うものは自由に購入できるようにしています。

ある程度の決裁権がないと、保育士が自費で購入してしまうケースも少なくありません。基本的に、子どもに「あれもしてあげたい」、「これもしてあげたい」と考えてしまうので、支出をあまり細かくチェックすると、保育士が自分のお金で購入してしまうのです。特に大規模保育所で担任になった保育士は、自腹でさまざまなものを購入しているケースが多いでしょう。それは、最終的に保育士が会社に不満をもつことにつながりますので、ある程度の決裁権を現場に与えるのがよいでしょう。

広告宣伝費を1万円計上していますが、これは求人サイトのIndeed（インディード）の課金です。年間を通じてなんらかの求人をすることが多いので、月1万円を予算に組み込んでいます。

求人は保育所の運営にとって重要ですが、さまざまな媒体があります。職種によってもなにを利用すれば効果的かが変わります。例えば看護師さんはハローワークで募集すると意外に採用できます。

一方で保育士は圧倒的にIndeedが有効です。経営者のなかには、Indeedは無料掲載で良いと勘違いしている人が多いのですが、やはり、費用をかけた方が反応はよいと思います。課金をして、仕事を探している人が検索した際にできるだけ上位に表示されるようにしないと意味がありません。多くの人が上から数社しか見ないからです。

ただし、私たちが保育ビジネスに参入して３年が経過した現在は、リファラル採用が中心です。

リファラル採用とは、自社の社員に友人や知人を紹介してもらう採用手法のことで、リファラルリクルーティングともいわれています。保育士は横のつながりが強いため、保育園の悪い噂も広がりますが、自園の保育士を大切に扱っていれば、人柄をよく知る友人の保育士を紹介してくれます。実際に２０２１年４月に開園予定の「りんご保育園にしかに」は、一度も求人をかけることもなく、正社員保育士、パート保育士、パート調理員のすべてが友人紹介だけで集まりました。

そのほかにも防犯カメラ、幼児用ＡＥＤのリース料金が必要です。これらは必ずしも設置義務はありませんが、保育士の心理的ストレスの緩和を優先し、導入したほうがよいでしょう。

	10月	11月	12月	1月	2月	3月	合計
	12	12	12	12	12	12	
	2,826,630	2,826,630	2,826,630	2,826,630	2,826,630	2,946,630	31,389,860
	2,005,940	2,005,940	3,661,940	2,005,940	2,005,940	2,005,940	26,982,880
	1,585,440	1,585,440	3,241,440	1,585,440	1,585,440	1,585,440	21,819,780
	1,479,600	1,479,600	3,135,600	1,479,600	1,479,600	1,479,600	20,549,700
	357,000	357,000	874,500	357,000	357,000	357,000	4,801,500
	795,000	795,000	1,933,500	795,000	795,000	795,000	11,817,000
	327,600	327,600	327,600	327,600	327,600	327,600	3,931,200
	0	0	0	0	0	0	0
							0
	0	0	0	0	0	0	0
	105,840	105,840	105,840	105,840	105,840	105,840	1,270,080
	0	0	0	0	0	0	0
	105,840	105,840	105,840	105,840	105,840	105,840	1,270,080
	410,500	410,500	410,500	410,500	410,500	410,500	5,043,100
	200,000	200,000	200,000	200,000	200,000	200,000	2,400,000
	0	0	0	0	0	0	162,000
	18,000	18,000	18,000	18,000	18,000	18,000	202,500
	24,000	24,000	24,000	24,000	24,000	24,000	270,000
	3,500	3,500	3,500	3,500	3,500	3,500	42,000
	40,000	40,000	40,000	40,000	40,000	40,000	480,000
	15,000	15,000	15,000	15,000	15,000	15,000	180,000
	14,000	14,000	14,000	14,000	14,000	14,000	168,000
	96,000	96,000	96,000	96,000	96,000	96,000	1,080,000
	0	0	0	0	0	0	58,600
	10,000	10,000	10,000	10,000	10,000	10,000	120,000
	0	0	0	0	0	0	0
	10,000	10,000	10,000	10,000	10,000	10,000	120,000
	0	0	0	0	0	0	0
	0	0	0	0	0	0	0
	820,690	820,690	−835,310	820,690	820,690	940,690	4,406,980
	29%	29%	−30%	29%	29%	32%	14%

支出の推移

	4月	5月	6月	7月	8月	9月
在園児	8	9	10	12	12	12
売上高	1,468,560	1,968,480	2,393,150	2,826,630	2,826,630	2,826,630
販売費・一般管理費	2,180,540	1,971,440	3,121,440	2,005,940	2,005,940	2,005,940
人件費	1,585,440	1,585,440	2,723,940	1,585,440	1,585,440	1,585,440
保育従事者	1,479,600	1,479,600	2,618,100	1,479,600	1,479,600	1,479,600
施設長	357,000	357,000	357,000	357,000	357,000	357,000
保育士常勤	795,000	795,000	1,933,500	795,000	795,000	795,000
保育士非常勤	327,600	327,600	327,600	327,600	327,600	327,600
看護師	0	0	0	0	0	0
看護師常勤						
看護師非常勤	0	0	0	0	0	0
給食調理員	105,840	105,840	105,840	105,840	105,840	105,840
調理師常勤	0	0	0	0	0	0
看護師非常勤	105,840	105,840	105,840	105,840	105,840	105,840
費用	585,100	376,000	387,500	410,500	410,500	410,500
施設賃借料	200,000	200,000	200,000	200,000	200,000	200,000
嘱託医経費	162,000	0	0	0	0	0
消耗品費	12,000	13,500	15,000	18,000	18,000	18,000
保育材料費	16,000	18,000	20,000	24,000	24,000	24,000
保健衛生費	3,500	3,500	3,500	3,500	3,500	3,500
水道光熱費	40,000	40,000	40,000	40,000	40,000	40,000
通信運搬費	15,000	15,000	15,000	15,000	15,000	15,000
備品費	14,000	14,000	14,000	14,000	14,000	14,000
給食材料費	64,000	72,000	80,000	96,000	96,000	96,000
損害保険料	58,600	0	0	0	0	0
その他費用	10,000	10,000	10,000	10,000	10,000	10,000
修繕費	0	0	0	0	0	0
広告宣伝費	10,000	10,000	10,000	10,000	10,000	10,000
研修教育費	0	0	0	0	0	0
減価償却費	0	0	0	0	0	0
営業利益	−711,980	−2,960	−728,290	820,690	820,690	820,690
営業利益率	−48%	0%	−30%	29%	29%	29%

以上、支出について紹介してきましたが、私たちの園の支出の推移を158～159ページの表で紹介しましたので、参考にしてみてください。

次に、全国的な経営実態がどうなっているか、内閣府のデータを紹介しましょう。

小規模保育事業の収支状況

科目			小規模A		小規模B		小規模C	
			金額	構成割合	金額	構成割合	金額	構成割合
			千円	%	千円	%	千円	%
収益	Ⅰ　サービス活動増減による収益	1　保育事業収益	45,696	−	37,710	−	27,140	−
		2　児童福祉事業収益	49	−	11	−	421	−
		3　その他収益	441	−	175	−	51	−
	Ⅱ　サービス活動外増減による収益	1　借入金利息補助金収入	1	−	0	−	4	−
		2　受取利息配当金収入	0	−	15	−	0	−
	Ⅲ　特別増減による収益		1,075	−	629	−	966	−
費用	Ⅳ　サービス活動増減による費用	1　人件費	29,626	64.8	24,359	64.6	17,233	62.5
		2　事業費	3,562	7.8	3,552	9.4	2,117	7.7
		3　事務費	6,279	13.7	4,859	12.9	2,930	10.6
		4　その他の費用	791	1.7	609	1.6	251	0.9
	Ⅴ　サービス活動外増減による費用	1支払利息	51	0.1	23	0.1	13	0.0
	Ⅵ　特別増減による費用	1　法人本部帰属経費	722	1.6	662	1.8	0	0.0
①収益計：Ⅰ（３その他収益を除く）＋Ⅱ			45,746	100.0	37,736	100.0	27,565	100.0
②費用計：Ⅳ＋Ⅴ＋Ⅵ			41,031	89.7	34,064	90.3	22,545	81.8
③収支差：①－②			4,716	10.3	3,672	9.7	5,021	18.2

④事業所数	339事業所	185事業所	30事業所
⑤平均利用定員数	16.7人	15.2人	10.0人
⑥平均児童数	16.7人	15.1人	9.7人

※ 費用の構成割合は、収益計（①）に対する割合。

※ 収益・費用には、調査対象事業以外の事業（延長保育事業・一時預かり事業等、地方単独事業）も含まれている。

出典：内閣府「令和元年度幼稚園・保育所・認定こども園等の経営実態調査集計結果〈速報値〉〔修正版〕」

3つのタイプではC型が最も収益性が高い

「令和元年度幼稚園・保育所・認定こども園等の経営実態調査集計結果〈速報値〉〈修正版〉」によると、小規模保育事業の3つのタイプのなかで最も多いのはA型で339事業所、次がB型の185事業所、そしてC型の30事業所と、大きな差があることが分かります。

また、収入から支出を差し引いた利益に関してもA型が約470万円、B型が約370万円、C型が502万円とC型が最も多くなっています。

平均児童数を見ると、いずれもほぼ定員数満杯に利用されており、集客に苦しんでいる様子はありません。このデータからも、小規模保育事業は安定収入の期待できるビジネスであることが分かります。

一方で、年間の利益が500万円程度であることからも小規模保育事業は「儲かるビジネス」ではないことが分かると思います。それだけに利益目的で参入する企業はほとんどいませんので、ブルーオーシャンな市場ともいえます。あくまでも、保育ビジネスをフックに本業の活性化を目指す経営者に小規模保育事業をお勧めします。

人件費ではタイプによる違いはほとんどない

次に人件費を見てみましょう。人件費に関してはA型、B型、C型で大きな変化はありません。常勤管理者は平均勤続期間が約15年で給料は1カ月＝35万円前後、常勤保育士は平均勤続年数が８年程度で給料は同27万円前後になっています。

人員配置では、常勤管理者1名、常勤保育士４名、非常勤保育士２名が平均のようです。主任保育士や保育補助はあまり置かれていないようです。また、調理員に関しては、非常勤として採用しているケースのほうが多く、管理栄養士、栄養士はほとんど採用されていません。小規模保育事業では、栄養管理加算という管理栄養士を採用している場合の加算がありますが、年間で12万となります。おそらく、調理員が資格を持っていたときの資格手当のようなものかもしれません。

また、事務員も置かれていないケースがほとんどのようですから、事務的な作業は管理者が担っているのではないかと思われます。

これらについても次のページから表で紹介しますので参考にしてみてください。

職種別職員1人あたりの給与月額

小規模保育園事業（A型）

	常勤		非常勤	
	平均勤続年数	1人あたり給与月額（賞与込み）	平均勤続年数	1人あたり給与月額（賞与込み）
	年	円	年	円
1　管理者	14.6	342,861	2.2	183,370
2　主任保育士	11.9	303,289	−	−
3　保育士	8.1	268,755	8.5	172,324
4　保育補助者（資格を有していない者）	7.5	235,183	3.8	170,387
5　調理員	6.6	241,897	6.2	171,058
6　栄養士（5に含まれる者を除く）	6.3	255,382	−	−
7　看護師（保健師・助産師）、准看護師	6.5	295,277	−	−
8　事務職員	5.4	248,029	10.5	357,755
9　その他	−	−	−	−
合計	9.7	286,023	7.8	197,995
集計事業所数	**373事業所**			

出典：「令和元年度幼稚園・保育所・認定こども園等の経営実態調査集計結果〈速報値〉〔修正版〕」

小規模保育園事業（B型）

	常勤		非常勤	
	平均勤続年数	1人あたり給与月額（賞与込み）	平均勤続年数	1人あたり給与月額（賞与込み）
	年	円	年	円
1　管理者	15.4	362,007	−	−
2　主任保育士	15.4	309,912	−	−
3　保育士	8.8	269,617	9.9	192,001
4　保育補助者（資格を有していない者）	5.7	231,115	2.9	161,931
5　調理員	7.2	227,420	6.5	169,817
6　栄養士（5に含まれる者を除く）	7.2	272,185	−	−
7　看護師（保健師・助産師）、准看護師	3.6	252,595	−	−
8　事務職員	2.7	219,918	19.5	248,505
9　その他	−	−	−	−
合計	10.1	283,286	8.5	203,485
集計事業所数	**161事業所**			

小規模保育園事業（C型）

	常勤		非常勤	
	平均勤続年数	１人あたり給与月額（賞与込み）	平均勤続年数	１人あたり給与月額（賞与込み）
	年	円	年	円
1　管理者	16.7	346,4667	−	−
2　家庭的保育者	8.9	291,775	14.7	208,911
3　家庭的保育補助者	10.4	250,117	−	−
4　調理員	−	−	−	−
5　栄養士（４に含まれる者を除く）	−	−	−	−
6　事務職員	−	−	−	−
7　その他	−	−	−	−
合計	10.8	292,799	8.9	199,665
集計事業所数	**30事業所**			

※「１人当たり給与月額（賞与込み）」の金額は、平成31年3月分の月額給与。常勤職員の給与には、月額給与の他、平成30年度分の賞与の1/12が含まれる。
※「常勤」…施設で定めた勤務時間（所定労働時間）のすべてを勤務する者。ただし、１日６時間以上月20日以上勤務している非常勤職員は「常勤」に含めて計上。
※「非常勤」…常勤職員以外の従事者。
※「平均勤続年数」は、現に勤務している施設だけでなく、過去に勤務していた保育所等における勤続年数も含めて算定。

出典：「令和元年度幼稚園・保育所・認定こども園等の経営実態調査集計結果〈速報値〉〔修正版〕」

職種の配置状況

小規模保育事業（A型）

	公定価格基準のみの配置状況	実際の配置	
	常勤換算（常勤＋非常勤）	常勤	非常勤
	人	人	人
1　管理者	1	1	0
2　主任保育士	–	0.3	0
3　保育士	4.4	4.2	1.7
4　保育補助者（資格を有していない者）	0.1	0.1	0.2
5　調理員	1	0.3	0.5
6　栄養士（5に含まれる物を除く）	–	0.1	0.1
7　看護師（保健師・助産師）、准看護師	–	0	0
8　うち保育業務従事者	–	0	0
9　事務職員	0.6	0.2	0.1
10　その他	–	0	0
合計	–	6.4	2.7
集計施設数	231施設		
平均利用定員数	16人		

小規模保育事業(B型)

	公定価格基準のみの配置状況	実際の配置	
	常勤換算(常勤＋非常勤)	常勤	非常勤
	人	人	人
1　管理者	1	1	0
2　主任保育士	−	0.3	0
3　保育士	4.3	4.0	1.6
4　保育補助者(資格を有していない者)	0.4	0.2	0.4
5　調理員	1	0.3	0.5
6　栄養士(５に含まれる物を除く)	−	0.1	0.1
7　看護師(保健師・助産師)、准看護師	−	0	0
8　うち保育業務従事者	−	0	0
9　事務職員	0.6	0.2	0.1
10　その他	−	0	0
合計	−	6.1	2.7
集計施設数	312施設		
平均利用定員数	16人		

小規模保育事業（C型）

	公定価格基準のみの配置状況	実際の配置	
	常勤換算（常勤＋非常勤）	常勤	非常勤
	人	人	人
1　管理者	0.6	0.6	0
2　家庭的保育者	2.6	2.3	1.3
3　家庭的保育補助者	1.3	0.4	1
4　調理員	0.5	0.1	0.5
5　栄養士（4に含まれる者を除く）	－	0	0.1
6　事務職員	0.3	0.1	0.1
7　その他	－	0	0
合計	－	3.0	3.5
集計施設数	26施設		
平均利用定員数	10人		

※「公定価格基準のみの配置状況」公定価格上の職員配置状況。
※「実際の配置状況」公定価格や地方単独補助、各種加算等により配置している職員を含めた配置状況。
※「常勤」施設で定めた勤務時間（所定労働時間）のすべてを勤務する者。ただし、１日６時間以上月20日以上勤務している非常勤職員は「常勤」に含めて計上。
※「非常勤」常勤職員以外の従事者。
※表中の人数は、すべて常勤換算後の人数（職員が勤務した１週間の勤務時間を、施設が定める１週間の勤務時間（所定労働時間）で除した数値）。
出典：「令和元年度幼稚園・保育所・認定こども園等の経営実態調査集計結果〈速報値〉〔修正版〕」

第5章　開業後トラブルゼロで運営するためのポイント

保育士に敬意を払う

保育園は建て前では「子ども」が主役です。しかし、保育園の代表が子どもに意識をとらわれ過ぎるから保育士の待遇が改善されないのです。子どもを大切にするのは保育者の仕事であり、経営者の仕事は保育者を大切にすることなのです。保育園では保育士こそ商品なのです。保育士がどれだけ若くても国家資格を所有する専門家であることに敬意を払いましょう。「〇〇ちゃん先生」などと呼ぶことは、私は感心しません。私の場合、すべての職員に対して敬語を使っています。

雇用契約書の説明はしっかりしておく

保育園のトラブルには、保護者からのクレームもありますが、保育園の運営を左右するトラブルは3つあります。

①保育士による園児への体罰

②保育園の管理体制の甘さによる重大な事故

③職員へのパワハラ・セクハラによる一斉退職

これらは、ほぼ人災といっても過言ではありません。

古い気質の経営者は、こうした問題を現場の保育士の責任にしてしまいますが、私は、職場環境の悪化が原因であり、悪化するような職場を構築した経営者の責任だと考えています。

日々のコミュニケーションも大切かもしれませんが、私は、雇用契約書の説明をしっかりすることが重要だと思います。むしろ、私は、園長以外の職員とほとんど会いませんし、話もしません。連絡があれば社内SNSを使用します。

私たちの保育園には毎年100人を超える保育士から応募がありますが、面接後と雇用契約書の説明後に辞退される方も少なくありません。よく、入社時研修で社内ルールを伝える会社がありますが、本来、契約後に従業員を制限するルールを言い出すのは後出しじゃんけんです。というよりも、従業員である以上は会社のルールに従うのが当然だというのは極めて古い価値観だと思います。

会社のルールを先に伝え、それに異議がなければ契約し、異議があれば契約をしない。契約とはそういうものだと思います。それに入社してからの研修は仕事ですから給料が発生しますが、契約前の説明に給料は発生しないという利点もあります。

保育園に限らず、どんな業種でも「面接の時に聞いていたのと違う」と従業員が思えば、会社に対する不信感は募るばかりです。それは、経営者から見ればささいなことかもしれませんが、従業員にとっては、そのささいな内容が「この会社は約束を守ってくれないんじゃないか」と被害妄想のように大きくなってしまいますので、マイナス面こそ強調すべきだと私は考えています。面接に自社のパンフレットを使用し、PRをしてしまう経営者が多いのですが、マイナスの理由をしっかり説明することが大切です。

次項より私が説明する内容を紹介します。

年次有給休暇は正社員にもパートの制度を説明する

保育士の職場に対する不満の一つに「有給休暇が取れない」があります。それどころか、いまだに「ウチはパートには有給休暇がない」と話す経営者がいるのです。

厚生労働省の労働基準行政全般に関するＱ＆Ａによると、年次有給休暇とは、一定期間勤続した労働者に対して、心身の疲労を回復しゆとりある生活を保障するために付与される休暇と記載してあります。

言い換えれば、年次有給休暇とは働きながら取得する休暇であり、退職時にまとめて取得する「有給消化」は邪道だと思います。

そのため、私たちの会社は年次有給休暇をしっかりと取得してもらうことが重要だと思っています。

しかし、取得できる職場には新たな問題も発生するのです。

例えば、１日８時間で週２日働くＡさんと、１日４時間で週３日働くＢさんがいるとします。Aさんは週16時間、Bさんは週12時間ですから、当然、Aさんのほうが、給料が多いし、働いていることになりますが、年次有給休暇はAさんよりもBさんのほうが多いのです。

なぜならば、年次有給休暇は働いている日数で付与日が決まるからです。1時間でも働けば1日です。逆にその10倍の10時間働こうが1日なのです。

一見、不公平なようにも見えますが、例えば、午前中にお子さんの授業参観などで年次有給休暇を取得した場合、Aさんは8時間分の収入がもらえますが、Bさんは4時間分の収入しかもらえません。

こうした法律上のルールを知らないと、給料が多いAさんは「私の方が働いているのに有給休暇が少ないのはおかしい」と不満に思うことがあります。

こうした不満の声は、園長や経営者の耳に入る前に、正社員に相談されることがあります。そのとき、正社員も年次有給休暇の制度をよく知らないと「本当だ。おかしいね。園長に言ってみたら」と返答してしまうかもしれません。

このときに正社員が「それはね……」と年次有給休暇の説明をしてくれると納得してくれますが、いったん、ほかの人が同調してしまうと、自分を正当化してしまうのが人間です。あとで会社から「法律ではこのようになっているから」と説明をしても、感情的になっていますので完全に納得はできないのです。

また、年次有給休暇の取得ルールについても説明が必要です。年次有給休暇は労働者の権利ですが、職場で権利を振りかざす方はトラブルの元です。ネットで「好きなアイドルのコンサートに行きたいから会社を休みたい」という相談に対して「仮病を使ったら」という回答を見かけますが、そもそも、年次有給休暇に取得理由など不要です。私たちの会社では、むしろ、「セルフプロデュース休暇」という自分のモチベーションを上げるために年次有給休暇とは別に特別有給休暇を付与しているくらいです。

一方で、なんでもかんでも良いというわけではありません。特に保育園は人員配置基準があります。こうした事態のために会社には「時季変更権」があります。

時季変更権は、労働基準法に「請求された時季に有給休暇を与えることが事業の正常な運営を妨げる場合においては、ほかの時季にこれを与えることができる」とあります。

この法律をきちんと説明し、休む場合は、事前に相談してほしいことを伝えます。

これも、従業員側から申し出を受けたあとに説明して申請を拒否すると、理屈で言い含められたと思ってしまうので、事前に説明していくことがポイントです。

実際は、時季変更権を行使したことは、起業して16年間で一度もなく、皆さん、希望日に取得されています。大切なのは、ルールに基づいてお互いを尊重して働くことです。

時間外手当、休日出勤手当こそ丁寧に説明する

ここまでで私たちの会社をホワイト企業だと思われた方もいらっしゃると思いますが、そんな従業員を大切にする私たちの会社であっても時間外手当を支払わないケースがあります。これも事前にきちんと説明しておくことがポイントです。

保育園のあるあるに「保護者のお迎えが遅れる」というケースがあります。本来ならば立派な残業かと思いますが、私たちの保育園では残業代を払っていません。

私の会社も以前はタイムカードどおりに残業代を払っていました。あるとき、私た

ちの運営する学習塾の校舎長たちの残業代が多いと感じることがありました。そこで、なにをしているのかと校舎に行ってみると校舎長はいません。少ししてからもう一人の校舎長と一緒に戻ってきたところを問いただしたところ、ラーメンを食べに行っていたことが発覚しました。

学習塾は独身男性が多く、夜遅くに終業するので自炊する者が少ないのですが、この校舎長たちは残業と称して夕食代を稼いでいたわけです。こうなると、いくら人手不足でも処分しないといけません。

そのため、私たちの会社では営業時間外の会社の指示に基づかない残業には残業代を払わないと規定しています。

もちろん、まったくのサービス残業ではなく、精勤手当という月15時間までの見込み残業手当を支払っています。また、会社が指示した場合は、見込み残業手当に関係なく時間外手当は支払われます。

休日出勤手当は、労働基準法では「使用者は、少なくとも毎週1日の休日か、4週間を通じて4日以上の休日を与えなければならない」とあります。

例えば、日曜日にどうしても出勤の必要性があったとします。休みに出勤をしたのだから休日出勤のように思われるかもしれませんが、この方は土曜日に休んでいるので、この日曜日の出勤は法定休日出勤（35％割増）ではなく、時間外勤務（25％割増）となります。

パートであれば、例えば月、水、金が所定労働日だとしたら、火、木、土で休みがありますし、週40時間を超えるわけではありませんから、休日出勤でもなければ時間外勤務でもありません。

パートには土、日、祝日に出勤することを休日出勤と勘違いしている人もいますから、これを説明しておかないと「ウチの保育園は休日出勤手当を払ってくれない」と不満に感じるかもしれません。

こうした割増賃金のルールを会社ではなく、法律に基づいて説明することで「この会社はしっかりしている」という印象を従業員にもってもらうことができます。これも保育士が安心して働ける環境づくりの一環です。

ただし、「法律違反」を安易に使用しないでください。2020年に宮城県の社会福祉法人が運営する保育園でパワハラによる一斉離職がニュースになりました。そのときの代表者は「それは法律違反です」と威圧的な態度で保育士に接していました。

「法律違反」を、なんの法律に、どんな違反があるのか根拠を示すことなく使用することは避けなければいけません。相手を委縮させることを目的に「法律違反」というセリフを吐いてはいけません。

保育士の退職にどう備えるか

保育所は人員配置基準がありますから、保育士が足りないことは死活問題です。実際のところ、基準を満たしていない既存の保育所をたくさん知っていますが、じゃあ、ほかに預かるところがあるのかという問題からなのか、密告でもない限り行政指導を受けることはありません。

だからといってそこに甘えてはいけません。民間企業は「金儲け主義」と見られることがありますから、必要以上に遵法精神がないといけないのです。

かといって、人件費の適正コントロールが健全な運営に求められますので、ただ、増やせばいいというわけではありません。

そこで、私は管理者制度を上手に利用すればよいかと思います。第3章で述べたように管理者は必ずしも保育士である必要はありませんが、私たちの保育園は、全員が保育士です。

なぜ、保育士を管理者にしておくのがいいか。それは、なんらかの理由で保育士が辞めてしまい、保育者が足りなくなったときに備えることができるからです。その場合は、管理者をはずれ保育者として勤務してもらうのです。

大規模園の園長は、園長の仕事で大変かもしれませんが、子どもが12人の小規模園はそこまで園長業務があるわけではありません。

実際、２０１９（令和元）年度までは、管理者設置加算という管理者を設置したら加算する方式であり、必ずしも配置しなければいけないという存在ではありませんでした。

現在は、基本単価に管理者の手当が上乗せされ、管理者が不在だと減算処分となりますが、新しい保育士を採用するまでの間です。人員配置基準違反をするよりはマシです。

保護者のクレームを未然に防ぐには

一般的なビジネスであれば、経営者が顧客対応やサービスについてアレコレと考えなければいけませんが、認可保育所では、それほど必要な業務ではありません。「認可」である以上は、サービス基準は経営者が決めることではなく、自治体が決めることです。そして、子どもや保護者の対応は、国家資格の所有者である保育士に任せれば問題ありません。

繰り返し述べていることですが、経営者は「保育園運営で成功したいなら保育士を大切にしなさい」を主眼におけばよいのです。

私は保育士に現場における心構えとして、「ラーメン屋で、ラーメンを注文したらラーメンが運ばれてきただけで感動しますか？」と伝えます。ラーメン屋なのに、ラーメンが出てこない。普通のお店ならありえないでしょう。保育園もそれと同じです。子どもを大切にしない保育園などないと思います。

ラーメン屋だったらラーメンが不味ければ繁盛しません。そのときに店主が「私は一生懸命作っているんだ！」「私にとっては絶品ラーメンなんですけど！」と訴えても、「だからなに？」と思うだけです。

「子どものために一生懸命に働いています」という保育士はそれと同じです。保育士の主観で子どものためにどれだけ働こうが、それが保護者に伝わっていなければ、前述のラーメン屋の店主のような存在になってしまいます。

私たちが、会社としては「保育士を大切にします」、保育園としては「保護者を大切にします」を全面に打ち出しているのは、常にこの評価基準を基に、客観性をもって子どもたちのために働いていこうという意思表示でもあるのです。

「子どもたちを大切にします」は、当たり前過ぎて口にするのも恥ずかしいとさえ思っています。

ただ、保育園の業務として、クレームを防ぐのに有効な施策を紹介します。それは連絡帳の充実と画像の提供です。

今、連絡帳はデジタル化が進んでいます。私たちの保育園でも「ハグノート」というアプリを利用していますが、連絡帳としては活用しておらず、園からのお知らせを配信するのに使っています。

私も当初は、デジタル連絡帳を使用するように準備していましたが、現場の保育士から従来の手帳型の要望が高く、結局、連絡帳はアナログ形式で落ち着きました。

小規模保育園で12名定員の場合、私たちの保育園では管理者を含め６人が午後まで担当しています。つまり、多くても３人程度の連絡帳しか書かないのです。

そのため、１日の記入量も内容もとても充実しています。我が家も長女、次女が私たちの保育園にお世話になっていますが、本当に「よく見てるなぁ」と感心します。

なによりも、スマートフォンで送られてくる文字よりも手書き文字のほうが親近感や信頼感を抱いてもらえます。

画像も大きなポイントです。実は、ここに既存の保育園の古い体質を見ることができるのです。昔は、カメラでの撮影はそれほど気軽なものではありませんでした。そのため、行事で撮影した写真が欲しい場合は焼き増しをしなければいけないので実費を請求することは普通のことでした。

しかし、今や誰でも手軽にスマートフォンで撮影している時代です。下手をすれば街角の写真館の店主よりも子育て世代のママさん保育士の方が子どもを可愛く撮ってくれます。

私たちの保育園は、保育室にタブレット端末が設置してあり、イベントだけではなく、普段の子どもたちの様子も積極的に撮影しています。グーグルのドライブ機能を用いて保護者とそれらの画像のデータを共有し、「ご自由にダウンロードしてください」としています。

連絡帳から滲み出る保育士の愛情溢れる文章、笑顔で楽しそうにしている我が子の画像を見続けて文句を言ってくる保護者はほとんどいません。

2020年12月に私たちの保育園の一つで、看護師の1人がご主人経由で新型コロナウイルス感染症に罹患し、職員だけではなく園児もPCR検査を受け、2週間、臨時休園となりましたが、保護者からのクレームはいっさいありませんでした。

それは、普段から保護者の信頼を勝ち得た現場の職員たちの日々の誠意ある対応に起因すると私は考えています。

保育園に大切なのは充実したマニュアルではありません。そこで働く保育士の職業倫理と愛情なのです。くどいようですが、最後にもう一度お伝えしたいことは、「保育園運営で成功するには保育士を大切にしてほしい」ということです。

おわりに

2016年1月、私は八百津町町長選挙で落選をしました。そのときの争点の1つが保育園統合問題でした。その前年、私は八百津町町議会の少子化対策委員会の座長をしていました。私の主張は保育環境の充実でした。

ちょうどその頃に、私も通っていた公立保育園の老朽化問題があり、少子化の影響もあり公立保育園を新しい施設に統合しようという計画が持ち上がりました。

それぞれの保育園は、単に昭和の大合併前の町村単位で存在しているだけで、車で5分と離れていません。2つの園を統合しても、私たちが在籍していた頃よりも少ない園児数です。ならば、3歳以上の園児については、2園分の予算を1園に集中して「保育の充実」を、未満児については、各地区に小規模保育園を設置して「きめ細かい保育」をというのが私の考えでした。

そして、子育ては未来志向という考えから50歳以下の住民による保育園検討委員会が立ち上がり、保育園は統合の方向で決まりました。決め手は、これから保育園を利用するであろう若い保護者向けのアンケートの結果です。「統合賛成」が過半数を超えました。

それを受けて、私は２０１５年８月の議会議員選挙に立候補して当選、２期目をスタートさせました。

ところが、当時の町長が９月に自身の引退と、保育園問題は次の町長が決めることと発表してしまったのです。

高齢者は、基本的に保育園の統合に反対でした。そうなると、町長選挙の立候補予定者は、保育園を統合しない方針を打ち出しました。

統合推進派としてけじめをつける意味でも、わずか2カ月で議員を辞めて町長選挙に出ることを決めました。高齢者が反対している施策を訴えるのです。当然、敗北しました。

結果として、自分で小規模保育園を立ち上げることになりました。そのため、私が保育ビジネスに商機を見出して参入したということではありません。

あれから5年、現在は４つの自治体で認可保育所を運営するまでに至りました。しかし、そこに満足はありません。私にとっては、八百津町の活性化のために小規模保育事業で近隣の市町村に差をつけることが目的だったからです。

もしかすると私が小規模保育園をお勧めする理由は、地方活性化のために小規模保育事業はチャンスなのだということを証明したいという私の落選コンプレックスかもしれません。

とはいえ、小規模保育事業が安定性のあるビジネスであることには変わりありませんので、経営者の皆さんには参入を検討していただきたいと思います。


小規模認可保育所に企業が参入する最大の意義は、女性のキャリア形成が失われないことです。未満児専門の保育所の場合、預かる子どもは0~2歳です。一部には子どもが小さい間は、母親が面倒をみるべきだとの意見もあります。

しかし、働き盛りのときに、子どもの面倒をみるために、仮に3年間まったく仕事をしなかった場合、どうなるでしょうか。

少子化で子どもが少ないといわれていますが、実際には一人っ子のケースは少ないのです。子どもを生まない夫婦や生涯未婚の人が増えているために、平均すると子どもの数が少ないということになりますが、実際に子どもが1人生まれた家庭には、2

人目、3人目が生まれる確率が高いのです。

ですから、少子化の問題を解決するには、1人目の子どもが生まれる環境をもっと手厚く支援しなければならないのです。1人目を無事に育てられる環境が整うと、2人目、3人目と子どもの数が増えるのです。

そのとき、2人目の子どもは1人目の年齢が2歳から3歳のときに生まれるのが一般的です。年子になると、子育てが大きな負担になりますから、あまりいません。

1人目が生まれると1~2年は子育てに時間を取られます。3年目で社会復帰しようと考えたときに、2人目を妊娠することになります。結局、2人の子どもの子育てをしていると、5年間ほどの仕事のブランクができてしまいます。

3人目が生まれるとさらに子育ての期間が伸びます。この間のキャリアが失われてしまいます。そのあとに社会復帰しようと考えて上手くいくでしょうか。なかなか難しいと思います。

そうならないために未満児専用の小規模保育所を活用してほしいのです。未満児保育は、生後6カ月からですから、産後の半年間は育児休業をしっかり取っていただき、半年が経過したら保育所をしっかりと使っていただいて、なるべく早いタイミングで社会に復帰する、会社に復帰するのがいいのではないかと思います。

乳児期に母親と離れることで成長に影響するのではないかと心配される方もいると思いますが、母親と2人きりのときに、母親がすべての時間を乳児に使っているわけではありません。息抜きにスマートフォンをいじっている時間もあるでしょう。

血のつながった親子でなければ愛情が保てないのであれば、養子縁組はすべて愛情不足となってしまいます。

ヒトは社会的生物ですから、血のつながりがなくても愛着形成は可能なのです。すべての人に押し付けるわけではありませんが、復帰したいと考えている人が無理なく実現できる環境を整えるべきだと私は考えています。それが日本の少子化を解決することにつながるのです。

確かに3歳以上の子どもの保育所には空きがあるところもあります。しかし、未満児を受け入れてくれる保育所は不足しています。全国どこもかしこも足りない状況です。保育所が空いていなければ、社会復帰を諦めてしまうケースも多くなります。

企業は日本の労働人口が減っていくことを直視しなければなりません。働く人が減っていくのは、日本経済にとって危機的な状況です。だから、女性が社会で活躍しやすい環境を整えなければなりません。

公的年金の負担を示す図に、何人の若者で1人の高齢者を支えているかというものがあります。

今高齢者を支えているのは、独身の男女と既婚の男性が大半です。最近は共働きが増えていますので、既婚で子どものいる女性にも働く人が増えていますが、パート従業員のケースが多く、公的年金を支える力はあまり発揮していません。そこに子どものいる女性も参加してもらえるような仕組みづくりが必要だと思うのです。

私たちの会社のポスターを紹介します。今後は、若者だけが高齢者を支えるのではなく、元気な高齢者、外国人、育児中のママ、障がい者も社会のサポートを受けながら、高齢者だけでなく、医療を必要とする人すべてを支える社会にしなければいけません。

出産を機に仕事を辞めてしまったり、社会復帰するときにも「夫の扶養の範囲内で働きたい」と思ってしまうような環境を払拭する必要があります。働く人を確保しなければいけないのです。

現在はコロナ禍で求人倍率が下がっていますが、2019(令和元)年までは人手不足が深刻でした。少し前まで岐阜県は東京に次いで求人倍率が2番目に高い県でした。アフターコロナには、再び人手不足が深刻化するでしょう。

であれば、子育て中の女性が働きやすい環境を整えるのは、大事なことです。そのためには、家庭で夫が育児に参加すること、社会のサポートとして保育所、特に未満児を受け入れる保育所を整備することが重要です。

そのなかでも私は未満児専用の小規模認可保育園の存在が重要であると考えています。大規模保育園でも未満児を受け入れていますが、どうしても未満児は、おまけのような存在になってしまいます。

やはり未満児は未満児専用の保育所のほうが目が行き届きやすいのです。働くお母さんのために子どもが犠牲になってはいけません。母親の代わりにしっかり未満児の世話をするには、少人数でしっかり世話のできる体制が必要だと思います。

小規模保育所では、人員配置基準は1対3または1対6です。そこに管理者がプラスされます。また、体調不良児保育を加えれば、保健室のような場所を設置して、看護師を常駐させることも可能です。

すると12人の定員に対して3人の保育士、加配、管理者、看護師の6人を付けることが可能です。つまり、12人の子どもを6人で世話することができるので、当然事故が減りますし、愛着形成も生まれてくると考えます。

企業は日本経済の未来を担っています。未来のための投資と考えて、ぜひ小規模認可保育所の運営に参加していただきたいと考えています。

1993（平成5）年に教育基本法が変わり、男女のジェンダー・フリー教育が導入されました。結果、男の子も「くん」ではなく「さん」づけしようとなりましたし、男子にも家庭科の授業が取り入れられたり、学校によっては、名簿を男子のあとに女子がくるのではなく、男女を一緒にして50音順にしたりしています。

それなのに、学校教育の段階から男女平等が根付いているにもかかわらず、社会に出た瞬間に、女性は出産で会社を辞めなければならない現状は不自然です。女性にとっては、ただのストレスでしかないでしょう。

最近は「産後うつ」という言葉も話題になっていますが、それも無理はありません。結果、子どもが虐待されたりすれば、取り返しがつかないのです。

徐々に変わりつつありますが、育児は女性の仕事であるという概念を、もっと捨てなければなりません。特に企業が捨てなければなりません。

加えて、保育事業はしっかりビジネスとして成り立つということです。安定的な収益を生み出せる、1つの事業の柱として、会社の経営を支えてくれるはずです。

保育士に向けては、自分の働いている保育園に不満があったら、ぜひ私の会社の運営する保育園を知ってほしいと考えています。

実際に私の会社の面接に来てくださる保育士の方は、現在勤めている保育所に退職の意思表示をする前に、面接を受けにきます。

そのあと、転職の意思を固めて、退職を伝えると、引き留められるのが大半です。そのとき、保育園側は「子どもたちのために残ってほしい」と説得するのです。保育士は、子どものことを第一に考えますから、転職を諦めてしまうケースも少なくありません。

その保育士が転職せずにとどまることで、待遇が改善されたり、不満が解消されたりするのであればいいのですが、それはありません。前と同じ状況が続くだけです。いったんは転職を諦めても、1年後か2年後に結局、辞めているケースが多いのです。

古い体質の保育園を維持しているのは、実は、我慢してしまう保育士にも一因があることを知ってほしいのです。

保育士の皆さんにお願いしたいのは、社会の変化に気づいてほしいということです。これからは女性自身が活躍して収入を増やしていく、自立した1人の大人として過ごしていく、生きていくということが求められていきます。

そのために保育事業は重要であること、そこで働く保育士も自分を律することができる、自立した1人の人間にならなければいけません。保育の学校を出て保育の現場で働き、保育業界のことしか知らない人が多いのですが、そこで得た経験は一般社会とずれている面もあります。それを認識してほしいのです。

社会とずれている象徴的な現象は、保育士にはパソコンを苦手としている人が多いことです。日々、保育日誌などを記入しますが、いまだに手書きが大半です。

特にベテランの保育士は、「キーボードは触れない」とさえ言います。30代でも「パソコンはできません」とはっきり言う人がいます。今は、普通に仕事をしていれば、パソコンを使うはずです。誰かに習わなくても、基本的な操作程度は簡単にできるようになります。

日本はデジタル化が遅れているといわれてきましたが、コロナ禍でだいぶ進んできました。保育士も社会の変化に対応していかなければなりません。私の会社のような運営側にできるのは、自立した保育士を待遇面も含めて敬意をもって採用し、プロフェッショナルとして働いてもらうことです。

保育士は、国家の興廃を担う大切な仕事です。保育士の処遇改善こそが、国家だけではなく、私たちも取り組むべき社会問題なのです。

本書が、これから保育ビジネスに参入を検討している経営者だけではなく、今、保育園を運営している方、公立保育園の業務に携わる自治体職員の方に響けば幸いです。

〈著者紹介〉
河村憲良（こうむらのりよし）
株式会社Five Boxes 代表取締役
大学院卒業後、政治家を志す。自動車関連のフランチャイズに加盟したのち、学習塾の経営に乗り出す。岐阜県可児市に学習塾「想論館」をつくり、生徒７人のスタートから約１年で126人が通う人気塾へと成長させる。2011年時点の生徒数は500人を超え、順調な経営の只中に東日本大震災が発生。これを機に政治家の夢に立ち返る。
2011年８月、岐阜県八百津町の町議会議員に立候補し当選、政治家としての職務に従事する。社会福祉の古い体質や社会的弱者の現状に立ち向かう。2015年９月の２期目スタート直後に、保育園統合問題が発生し、2016年１月に町長に立候補するも落選。経営者に戻る。現在は、事業性をもって社会問題を解決する集団として「教育」「介護」「福祉」「育児」「生活」に携わる事業を岐阜県中心に展開している。３児の父親。

本書についての
ご意見・ご感想はコチラ

安定収益と社会貢献を両立する
小規模保育園経営
2021年3月18日　第1刷発行

著　者　　河村憲良
発行人　　久保田貴幸

発行元　　株式会社 幻冬舎メディアコンサルティング
〒151-0051　東京都渋谷区千駄ヶ谷4-9-7
電話　03-5411-6440（編集）

発売元　　株式会社 幻冬舎
〒151-0051　東京都渋谷区千駄ヶ谷4-9-7
電話　03-5411-6222（営業）

印刷・製本　瞬報社写真印刷株式会社
装　丁　　田口美希

検印廃止

Printed in Japan
ISBN 978-4-344-93224-1 C0034
幻冬舎メディアコンサルティングHP
http://www.gentosha-mc.com/

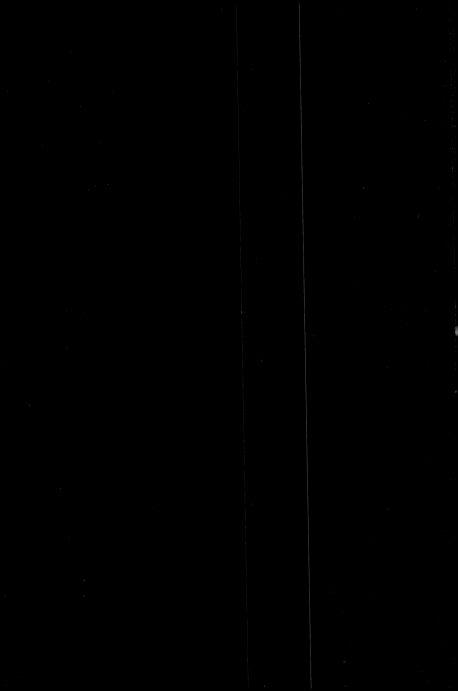